AF204129

Doris Schilly

Mönchengladbacher Zeitgeschichte(n)
1914 bis 1983

Sutton Verlag

Doris Schilly

Mönchengladbacher Zeitgeschichte(n)

1914 bis 1983

Die Autorin

Doris Schilly, geb. 1959 in Mönchengladbach, absolvierte eine journalistische Ausbildung bei der »Westdeutschen Zeitung« und studierte Geschichte an der Heinrich-Heine-Universität Düsseldorf. Sie leitete die Redaktion einer Fachzeitschrift und arbeitete als freie Journalistin. Als Historikerin wirkte sie mit an wissenschaftlichen Buchpublikationen und war freie Lektorin einer zeitgeschichtlichen Buchreihe. Doris Schilly (geb. Sigmund) ist verheiratet und hat zwei Töchter.

Impressum
Sutton Verlag GmbH
Hochheimer Straße 59
99094 Erfurt
www.suttonverlag.de

Copyright © Sutton Verlag, 2004
ISBN 978-3-89702-697-1
Druck: Books on Demand GmbH, Norderstedt, Deutschland

Inhaltsverzeichnis

Bildnachweis

Falls nicht anders angegeben, stammen die verwendeten Bildvorlagen aus den Privatarchiven der Zeitzeugen.

Das große Titelfoto aus den Beständen des Stadtarchivs Mönchengladbach (Stadtarchiv MG 10/6991) zeigt den späteren Oberbürgermeister Hermann Piecq (ganz rechts) mit seiner Familie. Das kleine Foto links darunter stellte Inge Hollweg, das kleine Foto in der Mitte Johannes Riskes zur Verfügung. Das kleine Foto rechts stammt von der Flughafengesellschaft Mönchengladbach.

Dank

Ich danke allen Zeitzeugen für die mir entgegengebrachte Offenheit und das Vertrauen beim Überlassen persönlicher Fotos und Dokumente. Für die großzügige Unterstützung bei der Realisierung meines Buchprojekts danke ich allen Sponsoren sowie dem Stadtarchiv Mönchengladbach.

Besonderer Dank gilt meinem Mann Wolfgang für immer während technische Betreuung meiner Arbeit und das Einscannen sowie Bearbeiten sämtlicher Bildvorlagen. Wie sehr meine ganze Familie Anteil nahm, wird deutlich aus der Antwort, die meine Tochter Isabel einmal auf die Frage nach ihrem späteren Berufswunsch gab: »Wenn ich groß bin«, sagte die damals Siebenjährige ohne Zögern, »möchte ich auf jeden Fall Zeitzeugin werden!«

Widmung

Meinen Eltern Beatrix und Klaus Sigmund, die vor fast 50 Jahren aus Gleiwitz/Oberschlesien nach Mönchengladbach kamen, in Liebe gewidmet.

Vorwort

Schade, wenn erlebte Geschichten in Vergessenheit geraten – zumal, wenn sie sich mitten in unserer Stadt ereignet haben. Wenn sie sich vor Schauplätzen abspielten, die man genau kennt, Straßen und Stadtteile in ihnen beschrieben sind, in denen man sich selbst zu Hause fühlt.

Mit den »Mönchengladbacher Zeitgeschichte(n)« möchte ich ein Stück erzählte Geschichte meiner Heimatstadt – so auch der Titel dieser regionalgeschichtlichen Buchreihe – in Wort und Bild dokumentieren, vor dem Vergessen bewahren und älteren Mit-

bürgern wie auch der jüngeren Generation zugänglich machen.

Erzählte Lebenserinnerungen sind sehr persönliche Zeugnisse, doch von großer Aussagekraft für die Öffentlichkeit. Sie machen historische Ereignisse und Zeitgeschichte in ihrer tatsächlichen Bedeutung für die Lebensumstände der heutigen Urgroßeltern- und Großelterngeneration konkret nachvollziehbar. Für die Erforschung der Stadt- und Sozialgeschichte sind sie Quellen von unschätzbarem Wert und geben manchen erstaunlichen Einblick ins Alltagsleben, den die offiziel-

Schon in frühen Jahren ließ Doris Schilly (im Kinderwagen) lebhaftes Interesse an der Mönchengladbacher Stadtgeschichte erkennen. Gerne fuhr sie mit ihrer Mutter zum Gladbacher Münster oder an die Kaiser-Friedrich-Halle.

le Geschichtsschreibung nicht liefern kann.

Was empfand ein kleiner Junge, der im Mönchengladbach der 20er-Jahre groß wurde? Welche Freizeitvergnügungen bot die Stadt vor dem Krieg? Was erlebten Gladbacher im »Dritten Reich«, und wie ging es danach weiter?

In authentischen, bisher unveröffentlichten Lebenserinnerungen werden diese Kapitel unserer jüngeren Geschichte hier aus unterschiedlichen Blickwinkeln beleuchtet. Um diese Lebenserinnerungen einzufangen, führte ich in Mönchengladbach Interviews mit Zeitzeugen. 22 Frauen und Männer aus dem ganzen Stadtgebiet stellten sich mit ihrem Erfahrungsschatz zur Verfügung. Elf Zeitzeugen fand ich »im Schneeballsystem«. Die andere Hälfte der von mir Befragten gehörte zu den Ersten, die einem Aufruf der »Rheinischen Post« im Oktober 2003 gefolgt waren. Dabei wählte ich bewusst Mitbürger ganz unterschiedlicher Herkunft und beruflicher Orientierung aus.

Ihre auf Band gesprochenen Erzählungen wurden von mir abgeschrieben, behutsam bearbeitet und die aussagekräftigsten Textstellen je nach Thematik einzelnen Kapiteln zugeordnet. So erscheinen z.B. sämtliche Zeitzeugenberichte zum Thema Bombenkrieg gesammelt im Kapitel »Drittes Reich« usw. Der Leser findet die Interviews also nicht »am Stück«, sondern überschaubar und flüssig lesbar in einzelnen Textpassagen wiedergegeben. Das Zwei-Spalten-Konzept und die reiche Bebilderung unterstützen den angestrebten Charakter eines stadt- und alltagsgeschichtlichen Lesebuchs.

Die »Mönchengladbacher Zeitgeschichte(n)« in die Tat umzusetzen, die Zeitzeugen zu Hause aufzusuchen, ihnen zuzuhören und das Buch aus ihren Geschichten wachsen zu lassen, war eine wunderbare Aufgabe.

Meinen Lesern wünsche ich nun viel Spaß beim Eintauchen in erzählte Mönchengladbacher Vergangenheit. Eine »wahre« Lektüre für alle, die sich mit ihrer Stadt verbunden fühlen – mal bewegend, mal zum Lachen, mal ergreifend und immer spannend.

Doris Schilly
im Mai 2004

Die Zeitzeugen

Josef Bahners, geb. am 20. April 1929, begann bei dem Textilma-schinenbauunternehmen Schlafhorst eine Lehre als Maschinen-schlosser. 1944 wurde er als Hitlerjunge dienstverpflichtet. Nach dem Krieg ging der passionierte Chorsänger wieder zu Schlaf-horst, wo er bis zu seinem Vorruhestand 1988 tätig war.

Der Rheydter C. Fritz Dülken (1892-1961) pflegte nach seiner Auswanderung in die USA 1928 einen regen Briefwechsel mit Erich Brass, der in Rheydt eine Generalagentur der Allianz Versi-cherung führte. Sein Sohn Helmut Brass, geb. am 1. April 1923, (Foto) bewahrte den Briefwechsel auf und stellte ihn für dieses Buch zur Verfügung.

Käthe Ebus, geb. am 25. April 1930 in Mönchengladbach, lebte bis zu Ihrer Heirat 1952 im Stadtteil Speick. Mit ihrem Mann führte die ehemalige Korrespondentin bis 1982 ein Tapeten- und Schreibwarengeschäft an der Gladbacher Straße, der heutigen St.-Christophorus-Straße, in Dorthausen.

Gertrud Eckert, geb. Geelen, kam am 16. August 1929 zur Welt und wuchs im Stadtteil Uedding auf. Die gelernte Zahnarzthelfe-rin machte 25-jährig ihren Führerschein und wurde Privatchauf-feurin und Bürokraft bei ihrem Onkel Jakob Peters, der mehrere Mönchengladbacher Textilfirmen vertrat.

Der Unternehmer Harald Frentzen, geb. am 3. März 1930, wuchs an der Wickrather Straße auf. Er machte sich mit einem eige-nen Modellbaubetrieb selbstständig und übernahm das elterliche Bestattungsunternehmen. Sein Sohn Heinz-Harald ist der weltbe-kannte Formel 1 Fahrer.

Margit Gärtner, geb. am 28. Mai 1935 in Rheydt, betrieb gemeinsam mit ihrem Mann bis 1989 eine Schreinerei in Odenkirchen. Heute verfasst die gelernte Kauffrau Gladbacher Mundartgedichte, sammelt alten »Jläbbecker« Wortschatz und betreut die große Sammlung historischer Postkarten ihres Mannes.

Norbert Goertz, geb. am 9. Januar 1925 in Mönchengladbach, kehrte nach einem Ingenieurstudium an der Staatsbauschule Mainz in seine niederrheinische Heimat zurück, wo er 1950 die Inspektorenprüfung bestand. Bis zu seinem Ruhestand 1987 war er als Regierungsvermessungsamtsrat tätig.

Willi Grote, geb. am 19. Februar 1912, wurde im Gladbacher Stadtteil Hermges groß. Die Familie väterlicherseits besaß eine Färberei in Rheydt und so erlernte auch er den Färberberuf. 1936 wurde Willi Grote Soldat. 1945 kehrte er nach Mönchengladbach zurück und arbeitete als Handelsvertreter.

Heinz Habrich kam am 1. April 1926 in Rheydt zur Welt. Bis 1966 führte er das elterliche Schuhgeschäft. 1965 absolvierte er einen Kurs für Aushilfslehrer und ging in den Schuldienst. Von 1968 bis 1970 studierte er an der Pädagogischen Hochschule Neuss. Bis 1988 wirkte Habrich als Rektor an der Hauptschule Asternweg.

Dr. med. Inge Hollweg, geb. 17. September 1921, studierte nach Kriegshilfsdienst und Abitur im Jahre 1940 Medizin in Marburg und Düsseldorf. Sie war in den Mönchengladbacher Krankenhäusern »Maria Hilf« und »Bethesda« sowie im Kinderkrankenhaus Viersen tätig. Von 1954 bis 1983 arbeitete sie als Assistenzärztin in Heinsberg.

Wolfgang Krane, geb. am 26. März 1926 in Warburg/Westfalen, wurde mit 37 Jahren Gemeindedirektor in Wickrath. Seit 1963 lebt er in Mönchengladbach und war von 1975 bis 1990 Direktor des hiesigen Flughafens. Seine jüngste Tochter schreibt unter dem Pseudonym Rebecca Gablé historische Romane.

Der Prokurist **Alfred Liermann** kam am 8. August 1926 in Mönchengladbach zur Welt. 1944 wurde er zur Wehrmacht eingezogen und erhielt in Lingen/Ems eine Funkerausbildung. 1945 kehrte er nach Hause zurück und begann seine berufliche Laufbahn bei der Druckerei Lapp an der Viersener Straße.

Lisbeth Maahsen, geb. Uebach, wurde am 26. Oktober 1913 in Mönchengladbach-Hehn geboren. Gemeinsam mit ihren Eltern Johann und Eva Uebach betrieb sie die Gastwirtschaft »Haus Uebach« und führte diese bis zu ihrem 70. Lebensjahr weiter.

Helmut Michelis, geb. am 3. Juli 1954, wuchs in Eicken auf. Als Redaktionsleiter arbeitete er unter anderem in Düsseldorf, Krefeld, Zweibrücken/Westpfalz und Sarajevo. Seit 1999 ist er als Leitender Regionalredakteur für die »Rheinische Post« tätig, verantwortlich für sechs Redaktionen am Mittleren Niederrhein.

Rolf Mühlen, geb. am 22. April 1930, Textil-Ingenieur, übernahm 1961 den Familienbetrieb M. Mühlen. Eine selbst entwickelte Anlage für das Kontenue-Färbeverfahren sicherte das Überleben der heutigen Gladbacher Spinnstoffindustrie M. Mühlen. Für sein ehrenamtliches Engagement erhielt er das Verdienstkreuz 1. Klasse.

Bedi Mungan kam am 23. Juli 1937 im türkischen Mardin zur Welt. Er bewarb sich für eine Stelle als Textilarbeiter in Deutschland und kam 1969 in die Vitusstadt. 1971 trat er in den Schuldienst des Landes Nordrhein-Westfalen ein. Bis 1999 war er als Lehrer für muttersprachlichen Ergänzungsunterricht tätig.

Maria Pongs, geborene Picun, kam am 3. Mai 1924 im ostgalizischen Trembowla zur Welt. 1941 wurde sie nach Deutschland verschleppt, wo sie für eine bäuerliche Familie in Kleinenbroich arbeitete. Ihre Befreiung erlebte sie im Zwangsarbeiterlager an der Krefelder Straße. Sie heiratete 1954 und wurde 1961 eingebürgert.

Johannes Riskes wurde am 13. Mai 1928 in Krefeld geboren. Von 1954 bis 1968 führte er ein Fotogeschäft im Mönchengladbacher NATO-Hauptquartier. Parallel dazu holte er ein Studium nach und ging in den Schuldienst. Bis 1992 unterrichtete er an der Katholischen Hauptschule MG-Mitte.

Wilhelm Rosen, geb. am 17. September 1939 in Mönchengladbach, Fleischermeister, arbeitete als Fachberater und in der Mitarbeiterschulung bei Coop. Seine Tante, die bekannte Bildhauerin und Malerin Anne Marie Stoll-Rommerskirchen, brachte ihm die Kunst näher. Er ist heute begeisterter Hobbymaler.

Helmut Vits wurde am 7. Dezember 1915 in Rheydt geboren. Nach dem Krieg war der passionierte Geiger bei Mannesmann Meer und von 1960 bis 1980 als Elektrotechniker bei Monforts tätig. Im Kammerorchester der städtischen Musikschule kann man ihn noch heute Geige spielen hören.

Dr. Kurt Shimon Wallach kam am 12. Juni 1909 als Sohn jüdischer Eltern in Mönchengladbach-Mitte zur Welt. Im September 1933 emigrierte er nach Jerusalem. Dort wirkte der Geisteswissenschaftler am Aufbau der Bibliothek beim Israelischen Parlament mit und diente als Offizier. Am 17. Juli 1977 kehrte er in seine Heimatstadt zurück.

Gerda Wintzen, geb. am 10. Januar 1913, wuchs an der Rheydter Hauptstraße auf. Sie trat ins elterliche Schuhgeschäft an der Hauptstraße ein und führte es erfolgreich weiter. In ihrer Freizeit widmete sie sich dem sozialen christlichen Engagement im Jugendbund des Katholischen Deutschen Frauenbundes.

1. Kindheit und Familie

Als die Großeltern noch zur Schule gingen, wollten sie wie alle Kinder zu allen Zeiten in erster Linie spielen und Süßigkeiten naschen. Ihnen standen zwar keine gut bestückten Kinderzimmer zur Verfügung, wie sie die heutigen Kinder besitzen. Gleichwohl waren sie auch mit Rollschuhen und Diabolo glücklich, fanden Zerstreuung beim Fußballspiel oder sammelten leidenschaftlich Glanzbilder. Daneben band man die Kinder in die Erledigung häuslicher Rituale wie Große Wäsche oder Einkaufen fest ein. Abwechslung boten der Kirmesbesuch oder das Aushecken von vergleichsweise harmlosen Streichen, mit denen Eltern und Lehrkräfte traktiert wurden. Mutter und Vater waren Respektspersonen, denen die Kinder manchmal mit einer gewissen Distanz gegenüberstanden. Nicht selten wurden die Sprösslinge stumme Zeugen der elterlichen Anstrengungen, in schweren Zeiten das Überleben der Familie zu sichern.

Dr. Ernst und Henriette Hollweg, geb. Voswinckel, 1938 mit ihren Kindern Arnd, Hans-Georg, Inge u. Dieter (von links).

Um 1917 war Willi Grote fünf Jahre alt. Hier sieht man ihn im zeittypischen Matrosen-Look. Die Begeisterung Seiner Kaiserlichen Majestät für das Flottenbauprogramm prägte die Kindermode dieser Jahre.

Mein Vater war Färbereileiter und bekam 1912 eine Stelle in Riga. Dorthin folgte ihm meine Mutter mit mir. Wir lebten in Riga bis zum Kriegsausbruch 1914. Mein Vater stammte aus einer reichen Familie, wo meine Mutter nicht gut angesehen war. Als wir nach seiner Einberufung nach Mönchengladbach zurückkamen, sagte meine Großmutter zu ihrer Schwiegertochter, meiner Mutter: »Der Willi kann hier bleiben, du nicht!« Ich war zwei Jahre alt. Daraufhin ging meine Mutter auf Wohnungssuche. Die Stadtverwaltung wies uns zwei Zimmer auf der Erzbergerstraße zu. Dort wohnten wir eine kurze Zeit, bis wir noch im selben Jahr zur Fliethstraße zogen. Die zwei einzelnen Häuser an der Klövergasse gegenüber der Straße Am Kämpchen, wo wir in einen Anbau einzogen, stehen heute noch. Es gab zwei Zimmer, die Toilette war draußen auf dem Hof. Wir hatten einen Schrank, einen Tisch, einen alten schwarzen Eisenherd vom Wohlfahrts- oder Armenamt, eine Lampe, ein paar Stühle, Konsölchen und ein großes Bett, in dem meine Mutter und ich schliefen. Wir hatten kaum etwas zu essen. Meistens gab es nur Suppe: Buttermilchsuppe, Milchsuppe, Kappessuppe, Steckrüben. Fleisch kam überhaupt nicht auf den Tisch.

1917 kam ein Mann mit Rucksack, langem Bart und Russenkittel in die Fliethstraße. Ich spielte draußen mit anderen Kindern. Der Mann sprach uns an: »Wo wohnen hier die Grotes?« Wir führten ihn zu meiner Wohnung. Später rief mich meine Mutter: »Komm mal rauf, Willi, dein Vater ist wieder da!« Ich war fünf Jahre alt und mein Vater war aus dem Ersten Weltkrieg von Russland aus nach Deutschland geflüchtet. Da mein Vater nun zu Hause war, legte man mir zum Schlafen einen Strohsack auf die Erde. Nachts wurden wir einmal wach vom Geräusch der zuschnappenden Mausefalle. Meine Mutter zündete ein Streichholz an: Eine Maus war mit dem Kopf, eine andere mit dem Schwanz in die Falle geraten. Sie liefen umher und zogen die Falle durch das Zimmer. Und ich schlief auf diesem Fußboden!
Willi Grote
Handelsvertreter, Jahrgang 1912

Der jüdische Zigarrenhändler aus Odenkirchen, der die Gaststätte meiner Eltern belieferte, brachte uns die

Zigarren gestapelt in einer schönen Holzkiste. Ich passte auf und sobald eine Kiste leer war, nahm ich sie mir. Loch reingemacht, Kordel durchgezogen, mein Puppenbaby reingesetzt und so zog ich herum. Die anderen Kinder wollten natürlich auch so eine Kiste. Ich versorgte sie alle. Zu Hause schimpfte mein Vater: »Ich weiß gar nicht, wo die leeren Kisten alle sind!« Der Händler wollte sie nämlich als Leergut zurückhaben. Diese Kisten wurden alle in der Nachbarschaft an einer Kordel gezogen.

In meiner Kindheit in den 20er-Jahren gab es Liebesperlen, Lakritz und Lutscher. Zu Ostern bekam ich immer ein dickes Osterei mit Liebesperlen.

Ich hatte Rollschuhe und ein Diabolo. Von den englischen Zigarettenpackungen sammelten wir die Bilder, »Stewarten« nannten wir sie. Darauf waren Schauspieler abgebildet, Sportler oder Flugkapitäne. Wir sammelten und tauschten auch Glanzbilder.

Lisbeth Maahsen
Gastwirtin, Jahrgang 1913

Das Gastwirtsehepaar Johann und Eva Uebach im Jahre 1914 mit der einjährigen Lisbeth auf dem Hof hinter ihrer Gaststätte an der Hehner Straße 56.

Etwa um 1924 herum bekam ich zu Weihnachten einen neuen Schlitten. Ein anderes Mal gab's einen dicken Gummiball. Er landete nach kurzer Zeit auf den Spitzen der Eisengitter an der Webschule (Hochschule Niederrhein). Meistens bekam ich zu Weihnachten Handschuhe, einen Pullover und Süßigkeiten. Zur Kommunion Anfang der 20er-Jahre schenkte man mir einen schönen Teller mit einem Heilandbildchen, einen Rosenkranz und fünf Mark.

Willi Grote
Handelsvertreter, Jahrgang 1912

Direkt an der Lürriper Kirche gab es in den 30er-Jahren einen Kindergar-

ten, der von den Ordensschwestern »Arme Dienstmägde Christi« betrieben wurde. Meine Brüder und ich bekamen morgens zu Hause ein Täschchen mit einem Butterbrot umgehängt und marschierten los. Schon nach einem Drittel des Weges setzten sich meine Brüder ganz gemütlich auf die Bordsteinkante und fingen an, in aller Ruhe ihr Bütterchen zu essen. Und ich wollte doch unbedingt pünktlich sein! Wir kamen meistens zu spät.

Gertrud Eckert
Zahnarzthelferin, Jahrgang 1929

Bevor mein Vater aus dem Ersten Weltkrieg zurückkehrte, besuchte uns jede Woche ein fremder, fein angezogener Herr. Mir kam das komisch vor: Immer gab er mir ein paar Groschen und schickte mich auf die Straße. Als mein Vater dann wieder da war, zogen wir auf die Rheydter Straße in Höhe der Hochschule Niederrhein. Hier bezogen wir zwei Zimmer und zwei Mansardenräume für 38 Mark Miete. In dieser Wohnung bekam meine Mutter plötzlich Blutungen. Ich erfuhr viel später, dass sie sich wohl mit dem fremden Herrn eingelassen hatte, um uns über Wasser zu halten und schwanger geworden war. In ihrer Not hatte sie versucht, selbst abzutreiben. Ich war in der Schule. Man holte den Arzt, aber es war zu spät. Sie verblutete.

Ich bekam später eine Stiefmutter, die war einmalig! Einmal spielten wir Fußball in der Webschulstraße – Anfang der 20er-Jahre fuhr ja hier kein Auto –, als meine Stiefmutter mich nach oben rief. »Willi, du musst nach Hermges gehen und eine frische Bratwurst für deinen Vater holen!«

Natürlich wollte ich lieber weiterspielen, stand gerade im Tor. Ich war so wütend, ging aber rauf. »Junge, nun geh' schon!«, sagte meine Stiefmutter. Ich antwortete: »Was willst du überhaupt? Du bist doch nicht meine Mutter!« Da weinte sie furchtbar. Selbstverständlich holte ich die Bratwurst noch. Und dem Vater sagte sie nichts.
Willi Grote
Handelsvertreter, Jahrgang 1912

Mein Vater erzählte uns vom Ururgroßvater, Sanitätsrat Dr. Johann Christian Hoffmann – damals Arzt in Gladbach. Er war geboren am 21. März 1783 in Rheydt und starb am 15. September 1871 in Gladbach. Einmal wurde mein Ururgroßvater zu einem katholischen Pfarrer gerufen, in dessen Haus es unverschämt gut nach gebratenem Hähnchen roch. Der

Willi Grote im Alter von etwa einem Jahr mit seiner Mutter. Die Aufnahme entstand um 1913 in Riga.

Pfarrer-Patient fing an zu klagen, und zwar ziemlich viel. Mein Ururgroßvater hörte sich alles an und meinte dann ironisch: Sonst habe der Pfarrer ja eigentlich nie etwas Ernstes, aber das jetzt wäre wirklich ernst. »Un wenn Ihr jetzt wat ut de Pann esst, dat is üer Dod!« (Und wenn Ihr jetzt etwas Gebratenes aus der Pfanne esst, ist das Euer Tod!) »Ja aber,« maulte der Pfarrer, »min Maria hat mich jerad en Hähnchen jebraht.« Es kam dann so, dass mein Ururgroßvater das Hähnchen erhielt und noch ein Glas Wein dazu. Abends am Stammtisch konnte Sanitätsrat Dr. Hoffmann es nicht für sich behalten und gab zum Besten, wie er dem Pfarrer das Hähnchen abspenstig gemacht und selbst verspeist hatte. Unter den Zuhörern war natürlich einer, der es dem Pfarrer wieder erzählte. In der kommenden Nacht klingelte die Haushaltshilfe des Pfarrers aufgeregt bei Dr. Hoffmann: »Herr Doktor, kommen Sie schnell! Der Herr Pfarrer stirbt!« Er ging hin und fand den Pfarrer in der Tür stehend vor. »Ich wollt' üch nur frare«, meinte der seelenruhig, »ob üch dat Hähnche jut bekomme is.« (Ich wollte Euch nur fragen, ob Euch das Hähnchen gut bekommen ist.) Mein Ururgroßvater: »Dat is mich sehr jut bekomme. Aber dat wor jetzt ene Nachtbesuch und dä betahlt Hä doppelt!«
Inge Hollweg
Ärztin, Jahrgang 1921

Meine Großmutter wohnte auf dem Loosweg Nr. 30 – heute Heppendorfer Straße – uns gegenüber. Großvater und ein Sohn waren im Ersten Weltkrieg verstorben und so musste sie alleine ihre acht Kinder – meine Mutter und sieben Söhne – durchbringen.

Eine Rente erhielt sie nicht. Sicher hätte sie Anspruch auf eine staatliche Unterstützung gehabt, wollte aber nicht von der Wohlfahrt abhängig sein. Großmutter übernahm eine Hausmeisterstelle und ging im Winter schon vor sechs Uhr morgens zur Schule Hosterweg, um die Kohleöfen in den Klassenzimmern anzuheizen. Sie war auch für die Sauberkeit in der Schule zuständig. Darüber hinaus leisteten sie und ihre Kinder Heimarbeit für eine Spinnerei, indem sie Unsauberkeiten aus der Rohware herauspflückten, damit das Material versponnen werden konnte. Ich weiß aus Mutters Erzählungen, dass diese Arbeit, an der sich alle Kinder beteiligen mussten, staubig und mühselig war. Wer müde war, sollte für einige Augenblicke ins Herdfeuer schauen.

Der wöchentliche Badetag im Hause meiner Großmutter fand immer samstags statt. Dazu wurde das Waschwasser auf dem Küchenherd erwärmt und dann in eine Zinkwanne gegossen, die auf dem Fußboden stand, daneben der Besen mit dem Aufnehmer. Großmutter bestand darauf, dass sich jeweils zwei ihrer Söhne eine Badewannenfüllung teilten. Oft gab es Diskussionen über die Reihenfolge, die meist zu Gunsten des Älteren entschieden wurden. Da die Söhne alle in Fußballvereinen spielten, verlagerte sich ein Teil der wöchentlich anfallenden Körperreinigungen in die Duschräume der Vereinshäuser.

Die Unterwäsche wurde einmal wöchentlich gewechselt, zwischen Arbeits- und Sonntagshemden genau unterschieden. Letztere hatten abnehmbare Krägen, damit sie häufiger getragen werden konnten.
Heinz Habrich
Lehrer, Jahrgang 1926

Jeden Sonntagabend mussten wir 30 Eimer Wasser pumpen, um die Wäsche in einem großen Bottich im Anbau unseres Ueddinger Elternhauses einzuweichen. Das machten meine Brüder. Am Montag um sechs Uhr mor- gens kam die weiße Wäsche in einen riesigen Waschkessel auf den Herd, wo sie gekocht wurde. Die Lauge benutzte man später noch für die bunte Wäsche. Das war immer eine Prozedur! Nach dem Kochen füllte man die heiße Wäsche in einen runden Holzbottich mit elektrisch betriebener Holzschleuder. An der Seite des Waschbottichs befand sich eine Wringmaschine, die die Wäschestücke über zwei Gummiwalzen in die Wanne mit dem heißen Spülwasser beförderte und die wir Kinder von Hand bedienten.

Für Erminia Mühlens Rabattmarkenbüchlein, aus-gestellt am 9. September 1916, hätte Kaiser's Kaf-fee-Geschäft am Markt 49 binnen Jahresfrist „den Betrag von 1 Mark in bar" ausgezahlt.

Während dieser Arbeit sangen wir mit Mutter zwei- oder dreistimmige Lieder.

Wenn im Sommer entsprechendes Wetter war, breiteten wir die großen Wäschestücke, wie Bettlaken, Tischwäsche und weiße Schürzen, zum Bleichen nass auf der Wiese aus. Dreimal am Tag machten wir die Teile wieder feucht. Im Winter benutzten wir eine Spinne über dem Herd, auf der die Wäsche nach und nach getrocknet wurde. Zu jeder Jahreszeit standen drei gusseiserne Bügeleisen mit Holzgriff in verschiedenen Größen auf dem Kohleherd bereit.

In meiner Kindheit in den 30er-Jahren trugen wir Mädchen grob gerippte Leibchen mit Knöpfen am Rücken. An den Leibchen waren lange Gummibänder mit Knopflöchern darin befestigt. Unsere Strümpfe hatten leinenüberzogene Knöpfe. An diesen Mangelknöpfen wurden die Leibchen mithilfe der Gummibänder festgemacht. Über die Strumpfbänder wurde ein Unterhöschen gezogen. Meine Brüder trugen kurze Unterhosen mit einer aufknöpfbaren Klappe hinten, später mit einem von vorne nach hinten durchgehenden Schlitz – im Winter als kombinierte und vorne knöpfbare Hemdhose mit kurzem Arm. Alles bestand aus Moltongewebe. Im Winter mussten wir Wollstrümpfe tragen. Das war grausam für mich und ich weinte manche Träne deswegen. Strumpfhosen oder lange Hosen für Kinder gab es nicht.
Gertrud Eckert
Zahnarzthelferin, Jahrgang 1929

Ich sollte für meine Mutter im Kolonialwarenladen Esser an der Ecke Loosweg (heute Heppendorfer Straße) und Schlossstraße einkaufen gehen. Für ein Viertelpfund Marmelade, die ich unter anderem mitzubringen hatte, nahm ich im Einkaufsnetz eine Glasschüssel mit. Da tauchte Jüppken auf, ein Nachbarjunge, der es faustdick hinter den Ohren hatte. Jüppken begann mit Steinen nach mir zu werfen und traf die Glasschüssel im Netz, die mit einem dumpfen Laut zersprang. Entrüstet lief ich zum Haus Nr. 44, wo Jüppkens Eltern mit ihren sieben Kindern wohnten, und rief nach seiner Mutter. »Was ist los?«, hörte ich sie durch Kindergezank und Geschrei kurz angebunden fragen. Ich schilderte den Vorfall und sie rief aus dem Küchenfenster: »Jüppke, komm' erop!« Aus dem Küchenschrank holte sie eine Glasschüssel, gab sie mir und meinte: »So, damit ist das erledigt!« Auf dem Weg die Treppe herunter begegnete ich Jüppken. Er warf mir einen vernichtenden Blick zu. Seine Mutter wechselte die Petroleumlampe von der rechten in die linke Hand und gab ihm ohne Kommentar eine Ohrfeige. Nicht allein deshalb war ich froh, dass hier nicht mein Zuhause war.

Der Kolonialwarenladen war über und über mit Waren voll gepackt und hatte eine Theke mit Glasaufsatz. Zucker, Reis, Mehl, Nudeln und vieles mehr befand sich in Schubladen, die gewünschte Menge wurde jeweils abgewogen. Öl und Essig pumpte Frau Esser aus Kanistern. Nahe dabei stand ein großes Fass mit Petroleum. Auch hiervon wurde die verlangte Menge umgefüllt. Kraut und Marmelade lagerten im Eimer zum Verkauf.

Nachdem ich meine Glasschüssel auf die Theke gestellt hatte, wurde sie von Frau Esser aufmerksam betrachtet. »Hat deine Mutter dir diese Schüssel gegeben?« Sie entschied, dass ich für meinen Einkauf eine Schüssel aus ihrem Privathaushalt bekommen sollte. Zu Hause angekommen, stellte ich selbst fest, warum die Schüssel den prüfenden Blicken von Frau Esser nicht standgehalten hatte. Meine Mutter spülte die Schüssel sehr gründlich und schickte mich damit am nächsten Tag zu Jüppkens Mutter zurück, die sie ohne weiteren Kommentar wieder in den Schrank zurückstellte.
Heinz Habrich
Lehrer, Jahrgang 1926

Früher trugen die Damen Handschuhe. Einmal, als ich alleine zu Hause war, zog ich die Schublade auf, nahm alle Handschuhe heraus und schnitt die Fingerspitzen ab. Als meine Mutter ausgehen wollte, fragte sie: »Wer war das?« Ich natürlich nicht. Ein anderes Mal hatte ich wieder etwas angestellt. Meine Mutter nahm einen Teppichklopfer, lief hinter mir her und schlug dabei die Gas-Porzellanlampe kaputt. Da bekam ich eine Abreibung.
Willi Grote
Handelsvertreter, Jahrgang 1912

1927 ließ ich mir als Vierzehnjährige beim Frisör Walterscheidt an der Hindenburgstraße 171 meine Zöpfe abschneiden. Sein Geschäft lag auf dem Stück zwischen Bismarckstraße und Bahnhof, nicht auf der Bahnhofseite, sondern gegenüber. Ich hatte mir Geld zusammengespart und wollte zu Hause nicht extra noch nach mehr Geld fragen. Meine Mutter würde dann sagen: »Du brauchst nicht zum Frisör!« Nun wusste ich ja gar nicht, was es kosten würde, ging aber mit meinem Ersparten hin und ließ mir die langen Haare abschneiden. Natürlich kam ich dann mit dem Geld nicht aus. Ich war geschockt und freute mich schon gar

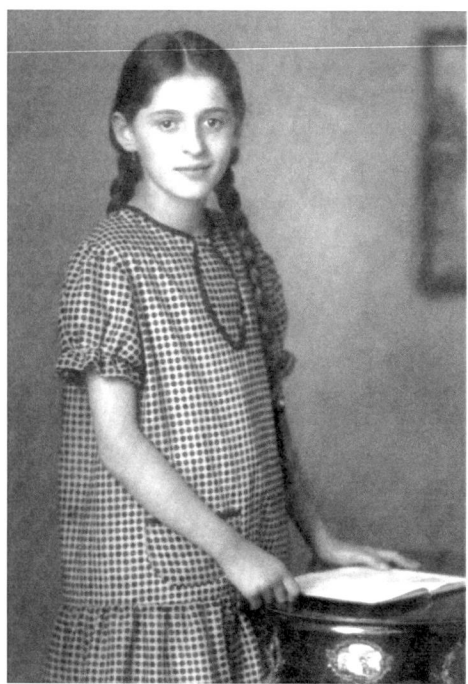

Lisbeth Maahsen als Zwölfjährige, noch mit langen Zöpfen.

katholische Schule untergebracht, miteinander verbunden durch ein Törchen an der Straße. Die Ersten, die nach Schulschluss herauskamen, wurden von den anderen mit herumliegenden Steinen beworfen.

Als ich 1938 heiratete, gab es in Gladbach immer noch so etwas wie einen Religionskrieg. Meine Braut war evangelisch, ich katholisch. Das war problematisch. Ich versprach meiner Mutter, unsere Kinder katholisch erziehen zu lassen.
Willi Grote
Handelsvertreter, Jahrgang 1912

Sonntags ging mein Vater zum Frühschoppen zu »Schnaß« in Lürrip. Mittags roch es dann bei uns immer nach Rindfleischsuppe und Zigarren. Nachmittags, wenn die Küche blank war und Mutter die gestärkte weiße Schürze ausgezogen hatte, spazierte die Familie an der Niers entlang. Danach gingen wir zu »Schauenburg«, einem Ausflugslokal an der Niers, Richtung Neersen. Dort gab es für uns Kinder ein Appelröschen.
Gertrud Eckert
Zahnarzthelferin, Jahrgang 1929

nicht mehr über die neue Frisur. Im ersten Moment fühlte ich mich sowieso mit den kurzen Haaren gar nicht gut. Ich lief sofort nach Hause zur Hehner Straße und beichtete meinem Vater, dass ich beim Frisör Schulden gemacht hatte. Er gab mir Geld. Ich ging schnurstracks wieder das ganze Stück bis zur Hindenburgstraße zurück und überbrachte, was ich noch schuldig war.
Lisbeth Maahsen,
Gastwirtin, Jahrgang 1913

In meiner Kindheit verboten evangelische Eltern ihren Kindern, mit katholischen zu spielen und hetzten sie auf. Die Katholischen taten es umgekehrt ebenso. Im ehemaligen Ledigenheim an der Hofstraße in Hermges waren zeitweise eine evangelische und eine

Bis zum Herbst 1931 wohnten wir an der Turmstraße. An einem Sonntagmorgen im Frühjahr 1928 ging meine Mutter wie gewohnt zur Frühmesse, Vater und Oma besuchten später das Hochamt in der Hauptpfarrkirche. Rechtzeitig zog meine Mutter mich an, damit ich den beiden auf der Turmstraße entgegengehen konnte, wenn sie vom Kirchgang zurückkehrten. Ich war drei Jahre alt. Zu meinen hohen schwarzen Lackschuhen und der dunkelblauen Gamaschenhose trug ich ein Marinemäntelchen mit goldenen Knöpfen und eine passende Baskenmütze mit Schleifen. Mutti brachte mich noch bis zur Treppe, gab mir einen Kuss und ermahnte mich: »Gehe nicht weiter als bis zur Knopsstraße. Dort wartest du auf sie!« Zuerst tat ich, wie mir geheißen. Doch dann wurde mir die Zeit zu lang. Ich überquerte die Knopsstraße. Nachdem ich mich nach rechts und links umgesehen hatte, lief ich munter über die breite Hittastraße. Dabei nahm ich den Weg, den wir immer gingen, wenn wir meine Großeltern auf der Abteistraße besuchten. So zog ich fidel am Geroweiher vorbei und erreichte über den Geroplatz die Treppe, die zum Münster führt. Oben angelangt, betrat ich durch das Südportal die gut besuchte Münsterkirche, in der ich Vater und Oma vermutete. Während ich den Gebeten und Gesängen andächtig lauschte, suchte ich mit den Blicken meine Lieben. Inzwischen waren Oma und Vater besorgt nach Hause zurückgekehrt, da sie mich nach dem Hochamt nicht – wie gewohnt – auf der Turmstraße wartend vorgefunden hatten. »Wo habt ihr den Jungen gelassen?«, fragte meine Mutter. Sofort machten sich die beiden auf den Weg zurück. An der Münstertreppe befragten sie die herausströmenden Kirchenbesucher und erfuhren: Ja, ein netter kleiner Junge sei im Münster gewesen, habe sich suchend umgeschaut und beim Sanctus mitzusingen versucht. Enttäuscht, meine Angehörigen nicht gefunden zu haben, verließ ich währenddessen mit den letzten Gläubigen die Münsterkirche. Man musste schon genau hinsehen, um mich im Gedränge zu entdecken. Da erblickte ich meine Großmutter am ersten Treppenabsatz. Vater wartete ein Stück weiter weg und umarmte mich ungemein erleichtert. Ich konnte ihre Aufregung gar nicht verstehen. Stolz und froh gingen sie mit mir nach Hause, wo ich voller

Norbert Goertz zeichnete 1953 das Münster mit Sepia-Tusche. Die Federzeichnung zeigt den Zustand von 1928.

Begeisterung erzählte, man habe in der Messe angeblich auch das Lied »Oh, Susanna, wie ist das Leben doch so schön« gesungen, das ich zu Hause oft gehört hatte. Schelte gab es dieses Mal nicht.
Norbert Goertz
Dipl.-Ing. FH Vermessung,
Jahrgang 1925

1935, als ich 22 Jahre alt war, hatte ich einen Freund – meinen späteren ersten Mann –, der meinem Vater aus politischen Gründen nicht genehm war. Wir durften uns nicht sehen. Was tat ich? Ich ließ mich morgens um fünf Uhr von unserem Dienstmädchen wecken. Sie schmierte mir zwei Butterbrote, während ich mich fertig machte. Dann fuhr ich bei Wind und Wetter mit dem Fahrrad los und traf mich in aller Frühe mit ihm am Volksgarten. Um sieben Uhr musste mein Freund im Büro und ich wieder zurück zu Hause sein.

Geschminkt war ich nie. Daran haben wir gar nicht gedacht. Manchmal konnte man schon mal einen Lippenstift ergattern. Aber sonst gar nichts. Zweimal die Woche wusch ich mein Gesicht zusätzlich mit Speick-Seife, dann nur Nivea-Creme aus der runden Dose aufgetragen und fertig.
Lisbeth Maahsen,
Gastwirtin, Jahrgang 1913

Als Kind war ich sehr sparsam. Wenn die anderen 30 Pfennig für die Kirmes bekamen und sie für Lutschter und Liebesperlchen ausgaben, kaufte ich an der letzten Bude nur für fünf Pfennig einen Lutscher und sparte den Rest. Ich hatte ein Ziel vor Augen: Später, wenn ich groß sein würde, wollte ich ein richtig schönes Bad mit einer Toilette mit Spülung haben. Das musst du irgendwie schaffen, nahm ich mir

vor. Denn damals in den 30er- und 40er-Jahren bewohnten wir mit meinen Eltern, den drei Geschwistern und Großvater ein 150 Jahre altes Haus in Uedding. Wenn man zur Toilette wollte, musste man hinten herum durch den Schuppen gehen. Für uns Kinder war das gruselig. Zuerst hatten wir eine Toilette mit Holzbrille, dann gab es eine Porzellantoilette mit Kunststoffsitz, aber ohne Spülung. Es war immer noch ein Plumpsklo im Schuppen. Meine Freundinnen hatten zu Hause schon ein Badezimmer.
Gertrud Eckert
Zahnarzthelferin, Jahrgang 1929

In unserem Haus auf der Blücherstraße 26, das mein Großvater erbaut hatte, befanden sich im Parterre die Praxisräume meines Vaters, Wartezimmer und eine Küche, auf der ersten Etage Esszimmer, Musikzimmer, Wohnzimmer und unser Kinder-Spielzimmer, oben auf der zweiten Etage lagen die Schlafräume und das Badezimmer. Wir hatten ein Kindermädchen und eine Haushaltshilfe, die auf dem Speicher eine ausgebaute Mansarde bewohnte. Sie bereitete u.a. unsere Mahlzeiten zu, während meine Mutter ihr Anweisungen gab. Dann wurde das Essen für die Familie durch einen Aufzug in die erste Etage befördert; das »Mädchen« nahm seine Mahlzeit in der Küche ein. Unser Kindermädchen – es waren verschiedene im Laufe der Jahre – kam jeden Morgen und ging abends wieder nach Hause. Es spielte mit meinen drei Brüdern und mir und ging mit uns spazieren. Die Schulaufgaben beaufsichtigte meine Mutter als ehemalige Volksschullehrerin selbst.
Inge Hollweg
Ärztin, Jahrgang 1921

Meine Schwestern waren direkte Hausmütterchen. Ich habe die Küche nie betreten, kann heute noch nicht kochen. Ich hatte wegen meiner Tätigkeit im Unternehmen auch keine Zeit zu heiraten. Männer spielten gar keine Rolle.
Gerda Wintzen
Unternehmerin, Jahrgang 1913

Im Frühjahr 1941 war ich ein halbes Jahr in Karlsbad mit der Kinderlandverschickung. Jeden Tag erhielten wir Unterricht durch die Lehrerin Frau Maus aus Mönchengladbach. Ich war »Mädel vom Dienst« und musste mit den anderen im Gleichschritt und singend zum Sport marschieren. Von der anderen Seite kam ebenfalls im Gleichschritt ein Jungmannfanfarenzugführer mit seinem Fähnlein. Einer der Jungen schrieb meinem Vater ins Feld, ob er mit »der lieben kleinen Gertrud« einen Briefwechsel aufnehmen könne. Ich war zwölf Jahre alt. Mein Vater antwortete tatsächlich, wollte wissen, mit wem er es zu tun hatte. Wir durften Adressen austauschen. Als meine jüngeren Brüder einmal die Briefe sahen, drohten sie, wenn wirklich einer zu Besuch käme, solle er sich lieber gleich Lederhosen anziehen – sie stünden schon mit Knüppeln am Törchen bereit.

Nach der Volksschule durfte ich 1943 als Vierzehnjährige das »Pflichtjahr für Mädchen« im Elternhaus in Uedding absolvieren. Dieses »Pflichtjahr für Mädchen« musste entweder auf einem Bauernhof oder in einer kinderreichen Familie absolviert werden. Da wir Geschwister zu viert waren, durfte ich diese Zeit zu Hause verbringen. Ich half im Haushalt und in unserem riesengroßen Nutzgarten. Es machte mir sehr viel Freude. Die einzelnen Anwesen der Straße An den

Inge Hollweg mit ihrer geliebten Puppe.

Hüren in Uedding waren durch Hecken voneinander abgetrennt. Die Straße war nicht geteert, sondern erdig und ohne Bürgersteig. Stattdessen gab es bis in die 60er-Jahre an einer Seite der Straße einen tiefen Wassergraben. Samstags fegte man die Straße – im Fischgrätenmuster. Man ärgerte sich furchtbar, wenn dann die ersten Leute kamen und darüber liefen.
Gertrud Eckert
Zahnarzthelferin, Jahrgang 1929

Vater war sehr christlich erzogen und hatte zunächst Theologie studiert. Mit Politik befasste er sich nie. Vater kannte nur beten und arbeiten. Meine ganze Familie gehörte der Zentrumspartei an.
Harald Frentzen
Bestattungsunternehmer,
Jahrgang 1930

Josef Bahners Vater Johann ging 1942 noch seiner Arbeit als Straßenbahnführer nach.

Mein Vater war Straßenbahnführer und spielte in der Straßenbahnerkapelle. Zu den Reichsparteitagen wurde alles nach Nürnberg geschafft, was Musik machen konnte. Unter anderem auch die Kapelle der ehemaligen Stadtwerke Mönchengladbach. 1943 wurde mein Vater eingezogen, eingesegnet und gegen die Russen geschickt: Nun kämpf' mal schön! Dabei konnte er keine Maus im Keller totmachen. Das muss man sich mal vorstellen: Sie schickten einen Vater von vier Kindern mit 43 Jahren nach Russland! Mein Vater fiel dort am 25. März 1945.

Josef Bahners
Maschinenschlosser, Jahrgang 1929

Als mein Vater 1946 aus englischer Gefangenschaft nach Hause kam, war die Wiedersehensfreude sehr getrübt durch den tödlichen Unfall meines Bruders. Hans war am 4. Januar 1945 verunglückt. An diesem Tag spielten mein jüngerer Bruder Dieter und vier Nachbarskinder auf dem Gelände der ehemaligen Ziegelei hinter der Ueddinger Volksschule. Deutsche Soldaten hatten Munition in diesem Ziegelloch zurückgelassen. An dieses Gelände grenzten die Hecken unseres Gartens. Die Jungen hatten wohl eine Panzerfaust durch die Hecken in den hinteren Garten geholt und spielten damit. Kein Mensch beachtete sie. Die Kinder riefen meinen Bruder: »Hans, komm' doch mal raus!« Immer wieder. Mein Bruder, der ganz versessen auf's Lesen war, legte schließlich sein Buch auf die Fensterbank, tat ein Lesezeichen hinein und kam doch noch heraus. Hans war damals 14, fast 15 Jahre alt, ich selbst ein Jahr älter. In diesem Augenblick schossen die Jungs im Garten die Panzerfaust aus Versehen ab. Das Geschoss traf meinen Bruder und explodierte. Es gab einen furchtbaren Knall. Alle Fensterscheiben gingen zu Bruch. Ich sprang durch das offene Fenster in den Garten und war als Erste bei meinem Bruder. Ich nahm ihn in den Arm. Hans hatte so schöne Haare, blonde Wellen. Er bewegte zweimal den Kopf, das Gesicht war unverletzt, wies nur ein paar kleine Brandflekken auf. Der ganze Körper aber war zerfetzt. Es war ein kalter Januartag, mein Bruder nur noch eine dampfende Masse, ein Bein war abgerissen. Es war grauenhaft! Einer der Jungen schrie – der halbe Daumen war ihm abgerissen worden. Meinem jüngeren Bruder Dieter war das Trommelfell geplatzt, ein Bein voller Splitter. Ich wollte Hans einfach nicht mehr loslassen. Ich schaute ihn immer nur an und hielt ihn im Arm. Er war mein

Die vierzehnjährige Gertrud Eckert, geb. Geelen (links oben), ihre Eltern und Geschwister, aufgenommen 1943. Bruder Hans (hinten) verunglückte 1945 tödlich.

Bruder, den ich heiß und innig geliebt hatte.
Gertrud Eckert
Zahnarzthelferin, Jahrgang 1929

Etwa 1946 war unsere ältere Tochter Gisela, damals drei Jahre, ständig erkältet und hatte Atemprobleme. Nach einer Mandeloperation wurde es nicht besser. Dr. Richter stellte fest: »Das Kind hat Diphtherie!« Früher gab es die Villa Leiser am jetzigen Elisabethkrankenhaus: eine Fabrikantenvilla, in der das Rheydter Krankenhaus eine Isolierstation eingerichtet hatte. Dorthin brachten wir Gisela. Ein junger Assistenzarzt, Dr. Mirbach, nahm bei unserem Kind sofort einen Kehlkopfschnitt vor. Es war höchste Zeit

gewesen – sonst wäre sie erstickt. Zu Hause wurde alles desinfiziert. Unsere kleine Tochter Renate, die noch am Tag vor der Operation den Rest vom Teller der kranken Gisela aufgegessen hatte, steckte sich nicht an. Das war das größte Glück in dieser Situation. Gisela erholte sich wieder. Dr. Mirbach, der später auf der Keplerstraße eine Praxis eröffnete, wurde unser Hausarzt.
Helmut Vits
Elektrotechniker, Jahrgang 1915

Meine Kinder sind 1976 und 1979 geboren: Denise und Marc-Timo. Sie sind nicht zweisprachig aufgewachsen, weil meine Frau und ich die Kinder nicht mit der türkischen Sprache

Familie Frentzen um 1920: Harald Frentzens Großeltern Christine und Heinrich sitzen rechts und links des Tisches. Um sie versammelt sind ihre Kinder. Ganz rechts steht Harald Frentzens Vater Heinrich, Großvater des Formel-1-Fahrers Heinz-Harald.

belasten wollten. Sie sollten die deutsche Sprache mit der Muttermilch lernen. Es erschien uns für die Schulausbildung unserer Kinder wichtiger, die deutsche Sprache einwandfrei zu beherrschen. Zudem stand ich immer auf dem Standpunkt, dass europäische Sprachen für unsere Kinder, die hier in Deutschland leben, nützlicher sind, als die türkische Sprache.

Meine Kinder sind wie andere deutsche Kinder groß geworden. Es hat niemals Probleme gegeben auf Grund von Ausländerfeindlichkeit. Denise hat Jura studiert und Marc-Timo studiert noch in Aachen BWL. Sie können sich gut auf Türkisch verständigen, was ihnen im Sommerurlaub in der Türkei zugute kommt.
Bedi Mungan
Lehrer, Jahrgang 1937

Ich hab' Heinz-Harald gemanagt, bis er in die Formel 1 gekommen ist. Ich war Vater, Sponsor, Manager, Reporter, Fotograf. Ich hab' die ganzen Rennen gefilmt. Manchmal war der Start verwackelt. »Was hast du da wieder für einen Quatsch gefilmt?«, hat mein Sohn geschimpft. »Warte mal«, meinte ich, »bis du einen Sohn im Motorsport hast! Wie du dann zitterst vor Angst!«
Harald Frentzen
Bestattungsunternehmer,
Jahrgang 1930

2. Schulzeit

Damals wie heute bot die Schule Anlass zu Verdruss, weite Schulwege ebenso wie prügelnde Lehrer schreckten die Kinder ab. Ob diese Methoden geeignet waren, um in den Grundschulklassen für Ruhe zu sorgen, kann angezweifelt werden, wie ein Blick auf so manches Klassenfoto, auch in diesem Buch, belegt: Im Normalfall dürften drangvolle Enge in den Räumen und munteres Treiben der mitunter unüberschaubaren Schülerzahl geherrscht haben. In den 30er-Jahren mischten sich die Nationalsozialisten auch in den Schulbetrieb ein – nicht eben zum Wohle der Schüler. Während der Bombenangriffe fanden sich diese dann entweder gar nicht in der Schule oder in deren Keller zum Unterricht ein.

Erster Schultag an der Grundschule Hehner Straße im Jahre 1919. Lisbeth Uebach – heutige Maahsen – ist das Mädchen rechts neben der Tafel.

Ich besuchte die Grundschule an der Fliethstraße. Meine Lehrerin war Fräulein Lersch, die Schwester des Heimatdichters Heinrich Lersch. Mittlerweile – es war 1918 – waren die belgischen Besatzer in Gladbach. Sie verteilten Plätzchen, kochten auf der Straße und die Leute holten sich etwas zu essen. Uns wurde in der Schule verboten, etwas von den Belgiern anzunehmen. Ich nahm natürlich von ihnen ein Paket Kekse an, ging nach Hause und zeigte es stolz meiner Mutter. Als ich am nächsten Tag zur Schule kam, wusste die Lehrerin das schon und verprügelte mich mit einem Riemen. Meine resolute Mutter schickte mich daraufhin drei Wochen nicht mehr zur Schule.

Nach dem Umzug zur Rheydter Straße ging ich in die Katholische Volksschule Römerschule an der Römerstraße in Hermges (ab 1930 Franz-Wamich-Schule und Franz-Wamich-Straße). Ei-nes Tages schenkte mein Onkel mir ein Fahrrad. Ich glaube, ich war der einzige Schüler dort, der vor 1920 ein Fahrrad besaß. Wir wohnten in der zweiten Etage an der Rheydter Straße und ich schleppte es jeden Abend herauf. Natürlich fuhr ich damit nicht zur Schule: Die Jungs hätten doch alle mal fahren wollen. Nur nachmittags radelte ich zum Zeichenunterricht. Der Zeichenlehrer an der Römerschule hatte eine Freundin, die in einem Schreibwarengeschäft in Rheydt arbeitete. Wenn wir Zeichenunterricht hatten, schrieb er mir etwas für seine Freundin auf und schickte mich mit meinem Fahrrad hin. Der Lehrer selbst besaß keines. Ich fuhr los, überbrachte das Geschriebene einer Blonden, sie gab mir ein paar „Klümpchen" und schickte mich mit einem Briefchen zurück. Wenn ich wieder in der Schule eintraf, war der Unterricht schon beendet.

Fast direkt neben der Römerschule gab es in meiner Kindheit die Bäckerei Theißen. Schüler Jupp Theißen, der Sohn des Bäckers, ging in der Pause nach Hause, stopfte sich die Hosentaschen und das Hemd heimlich mit fri-

52 Schüler waren um 1920 zusammen in einer Klasse der Katholischen Volksschule Römerschule, der heutigen Franz-Wamich-Schule, im Stadtteil Hermges. Willi Grote ist der Sechste von links in der zweiten Reihe von oben, er trägt ein dunkles Halstuch.

schen Brötchen voll, kam zurück und verteilte die Beute an uns. Sonst gab es ja immer nur Graubrot mit Dünnkraut. Wenn der Jupp auf den Schulhof kam, fielen wir schon über ihn her.

Sonntags mussten wir um halb drei eigentlich zur Christenlehre in die Kirche. Der Pfarrer stand oben auf der Kanzel, sprach von Adam und Eva und so und wir schliefen bald ein. Die meisten waren sowieso im Kino. An der Luisenstraße gab es eines, das nannte man »Suppengrün«, eigentlich hieß es »Reichsadler«. Dort zeigten sie jeden Sonntag Western – »Tom Mix« für 20 Pfennig. Wir gingen hin. Montags hieß es »Grote, Schmitz – über die Bank!« Dann gab es etwas mit dem Stock ordentlich hinten drauf, das war ja früher modern. Am nächsten Sonntag war ich aber wieder im Kino.
Willi Grote
Handelsvertreter, Jahrgang 1912

In den 20er-Jahren ging ich zum Marienlyzeum. Morgens zu Fuß von der Hehner Straße zur Wallstraße und mittags wieder zurück. Ich war stundenlang unterwegs und musste noch meine Schularbeiten machen. Zum Spielen blieb da keine Zeit, nur samstags und sonntags. Manchmal nahmen meine Freundinnen und ich den Weg über den Geroplatz oder wir gingen den Spatzenberg hinauf. Oben war das Humanistische Gymnasium – nur für Jungen. Die warteten auf Einlass. Ohne Palaver kam man da oben nicht vorbei. Wir schlugen uns mit den Tornistern und allem Drum und Dran. Oft erreichte ich die Marienschule ohne Schleifen in meinen Zöpfen. Wir waren alle ein bisschen zerzaust und kleinlaut. Die Lehrer konnten nie verstehen, warum wir so aussahen. Bis eines Tages jemand vom Humanistischen Gym-

nasium aus anrief. Wir sollten doch einen anderen Weg gehen, damit wir heil in unserer Schule ankämen.
Lisbeth Maahsen
Gastwirtin, Jahrgang 1913

Ab 1937 besuchte ich die Städtische Knabenmittelschule in der Nähe des Mönchengladbacher Hauptbahnhofes. Der Schulbesuch in den 30er-Jahren war für eine Familie eine finanzielle Belastung: Schulgeld musste monatlich bezahlt werden, hinzu kam das Schulmaterial. Die Schulbücher wurden von Schülern der vorhergehenden Klasse übernommen. In Einzelfällen reichten sie sogar Schulmützen weiter. Zuerst trugen alle Schüler diese Schulmützen. Nach einigen Jahren ließ das aber nach und ab 1940 gab es sowieso Beschaffungsprobleme. In den unteren Klassen trugen die Jungen Baskenmützen in rot, grün und blau, Schüler der Oberstufe hatten Schirmmützen aus Samt in braun, grau oder schwarz.

Das politische Regime nahm Ende der 30er-Jahre zunehmend Einfluss auf den Schulbetrieb: Es gab immer wieder Fahnenappelle, Gedenk- und Feierstunden, auch die Unterrichtsinhalte wurden beeinflusst, besonders im Deutsch- und Geschichtsunterricht, aber auch in Erdkunde, Biologie, selbst im Musik- und Kunstunterricht. Diktate und Aufsätze mussten aktuelle Themen aufgreifen. Wir gewöhnten uns daran, dass alles einen nationalsozialistischen Bezug hatte. Als ich einmal bei einer Bildbeschreibung – Schäfer mit Schafherde in der Heide bei Sonnenuntergang – einen Bezug zu Führer und Volk konstruierte, fand dies nicht die Billigung des Lehrers: Er wollte nicht zur Schafherde gehören.

Nachdem die Luftangriffe begonnen hatten, verbrachten wir so manche

Nr. 1.   30.9.43.
Die Stabbrandbombe.

Der obere Teil der Stab.
brandbombe ist Blech. Der untere Teil
ist Stahl und der mittlere Teil Elektron.
Unter dem Elektronmantel sind die
Thermitpillen. An der Seite der Brandbombe
ist ein Schlagbolzen. Beim Aufschlagen
schlägt der Schlagbolzen auf das
Zündhütchen und dann entsteht der
Brand. Oft ist ein Teil der Brandbombe
mit einer Sprengladung versehen. Deshalb
muß man aus der Deckung löschen.
Die Brandbombe hat eine geringe Durch-
schlagskraft. Sie hat ein Gewicht von 1,1 kg.

Aufsatz der dreizehnjährigen Käthe Ebus, die damals
Schülerin an der Grundschule Kabelstraße war.

Unterrichtsstunde wartend im Keller der Schule. Später wurde versucht, den Unterricht dort weiterzuführen. Besonders schwierig war das bei Klassenarbeiten, die immer wieder abgebrochen werden mussten. Dann schrieben wir Klassenarbeiten nur noch zu Unterrichtsbeginn, wenn seltener Luftalarm war. Schließlich wurden zwei Kellerräume extra für die Weiterführung von Klassenarbeiten eingerichtet. Das waren schon sehr extreme Bedingungen.
Heinz Habrich
Lehrer, Jahrgang 1926

Als unsere Ueddinger Volksschule wegen Bombenangriffen geschlossen war, unterrichtete Rektor Hoerkens meine Brüder und einige Jungen aus der Nachbarschaft bei uns im Wohnzimmer. Jeder musste ein Brikett in einer Tüte oder in Zeitungspapier eingewickelt zum Unterricht mitbringen.
Gertrud Eckert
Zahnarzthelferin, Jahrgang 1929

Lehrer Kohlhaas war ein kleiner, überaus hektischer Mensch. In Erdkunde hatten wir bei ihm schon mehrfach die Geschichte einer Kutschfahrt gehört, bei der die Pferde durchgegangen waren. Das Besondere an der Geschichte: Die Pferde gehörten jeweils der Rasse an, die dem besprochenen geografischen Raum zugeordnet werden konnte, mal waren es Haflinger, mal Hannoveraner. Als wir Ostpreußen durchnahmen und Kohlhaas sich anschickte, die Geschichte zu erzählen, platzte ich mit der Bemerkung »Jetzt kommen die Trakehner« in die Klasse. Alles prustete vor Vergnügen. Kohlhaas aber wurde wütend, riss mich aus der Bank, schubste mich auf das Nachbarpult und zog mir die Hose stramm, um mich mit dem Lineal zu schlagen. Doch dazu kam es nicht – die Hose zerriss. Sie war sicher etwas knapp geworden und widerstand dem plötzlichen Ruck nicht. Kohlhaas war entsetzt und entschuldigte sich wortreich. Am nächsten Morgen wollte er gleich wissen, was man bei mir zu Hause gesagt hatte. Mich ritt der Teufel und ich gab an, Vater werde noch den Direktor anrufen. Nach Schulschluss rief ich Vater vom Telefonhäuschen aus an und informierte ihn. Er war so fair und sagte dem Lehrer gegenüber nichts von meinem Schwindel. Dieser meldete sich selbst bei uns und erklärte sich zu der Sache. Übrigens bot Herr Kohlhaas auch einen Stoffrest an, um daraus eine neue Hose fertigen zu lassen. Vater beruhigte ihn und lehnte dankend ab.
Heinz Habrich
Lehrer, Jahrgang 1926

1943 begann ich meine Lehre als Maschinenschlosser bei Schlafhorst an der Blumenberger Straße. Montagmorgens hatten wir Werkunterricht, nachmittags Berufsschulunterricht. Bei uns ging es sehr streng zu. Einmal rebellierten wir: Um zwei Uhr fing der Berufsschulunterricht an, um halb zwei sollten wir Schüler aber schon hinten an der Berufsschule stehen. Das wurmte uns natürlich. Erstens standen wir eine halbe Stunde unnütz herum, und zweitens gab es ja oft Fliegeralarm. Wir nahmen uns vor, am nächsten Montag nicht zu erscheinen und stattdessen ins Kino zu gehen. Die Klasse ging also geschlossen Richtung »Capitol« Ecke Breitenbach- und Hindenburgstraße. An der Unterführung bei der Gaststätte »Krefelder Hof« sahen wir gegen 13:40 unseren Lehrer, er uns aber nicht. Da bekamen die ersten Muttersöhnchen Angst. Drei, vier zogen schon ab, dann noch einige mehr. Die meisten blie-

ben zunächst fest. Schließlich kippte das Gros aber doch und so gingen wir alle zurück zur Berufsschule, bevor wir das Kino erreicht hatten. Unsere Lieben hatten es ja noch pünktlich zurück geschafft und saßen längst brav in ihren Bänken. Der Lehrer kann nicht alle schlagen, dachten wir. Er konnte! Keiner von uns ist ungeschlagen in die Klasse hereingekommen. Das lange Lehrerlineal sauste auf jeden einzelnen Rücken nieder, aber nicht flach, sondern hochkant. Auf jeden, der reinkam, haute der Lehrer drauf. An diesem Tag schmiss er die Zigarrenkiste mit den eingesammelten Lehrmittelbeiträgen durch die ganze Klasse.

Einer von uns Schülern hatte ganz besonders große Schwierigkeiten mit dem Lehrstoff. Aus Angst kam er in

Die ehemalige Höhere Fachschule für Textilindustrie an der Webschulstraße, vor 1912. Heute hat der Fachbereich Textil- und Bekleidungtechnik der Hochschule Niederrhein, Abteilung Mönchengladbach hier seinen Sitz. Das Foto stellte die Hochschule Niederrhein zur Verfügung.

Der untere Korridor der kriegszerstörten Höheren Fachschule für Textilindustrie in der Webschulstraße. Das Foto stellte ebenfalls die Hochschule Niederrhein zur Verfügung.

Hitlerjungen-Uniform zur Schule und brachte sogar die Fahne mit, weil er so nicht geschlagen werden durfte.
Josef Bahners
Maschinenschlosser, Jahrgang 1929

1948 kam ich als Student an die Textilfachschule Mönchengladbach, die heutige Hochschule Niederrhein. Damals mussten die Studenten erst einmal Schutt beseitigen, bevor sie anfangen konnten. Die Textilfachschule war ja zerstört. Also fuhr ich drei Monate Schutt und Geröll weg. Diese Zeit war für mich insofern etwas schwierig, als ich während meiner Schulausbildung an der Oberrealschule Mönchengladbach von 1940 bis 1944 mehr im Luftschutzkeller als im Schulraum geses- sen hatte. Darunter litt der

Unterricht natürlich: Englischkurse fielen aus, auch die ganze Chemie. In diesem Bereich wurden später an der Textilfachschule Kenntnisse verlangt und ich hatte Schwierigkeiten, musste un-geheuer nachpauken.
Rolf Mühlen
Textil-Ingenieur, Jahrgang 1930

Ab 1964 besuchte ich das Abendgymnasium in Waldniel. Das war hart: Das Fotogeschäft im NATO-Hauptquartier weiterführen, vier Kinder zu Hause und abends die Schule. Es wurde zu viel. Außerdem war Mitte der 60er-Jahre die Farbfotografie verstärkt aufgekommen, große Labors entstanden und bei uns wären Investitionen nötig gewesen. So verkauften wir das Geschäft 1968. Mit 45 Leuten fingen wir am Abendgymnasium an, acht waren am Ende noch übrig.

Meine Frau hat immer fleißig mitgearbeitet. Ich verdanke ihr die geschäftliche Existenz sowie das Abitur und meine ganze spätere berufliche Karriere. Es war eine harte Zeit. Wir fuhren 18 Jahre nicht in Urlaub.

Nach dem Abitur 1969 begann ich an der Pädagogischen Hochschule Rheinland in Neuss das Studium für das Lehramt. Das erste Staatsexamen folgte im Jahr 1973, dann das zweite Staatsexamen und die Ernennung zum Beamten auf Lebenszeit. Damit war die Existenz der Familie gesichert und ein Jugendtraum von mir in Erfüllung gegangen.
Johannes Riskes
Kaufmann u. Lehrer, Jahrgang 1928

3. Jüdisches Leben

Stellvertretend für die jüdischen Mitbürger, die einst in Mönchengladbach lebten, seien hier einige Textpassagen aus den unveröffentlichten Lebenserinnerungen eines jüdischen Zeitzeugen aufgeführt, der seit 1977 wieder in seiner Heimatstadt lebt. Eine Dame meldete sich als Augenzeugin für die Pogromnacht am 9./10. November 1938 in Rheydt zu Wort. Auch in unserer Stadt spielten sich tieftraurig stimmende Szenen ab. Aber es gab auch einige Menschen, die Kopf und Kragen riskierten, um verfolgten Juden zu helfen.

Ist es gut und richtig, sich als Familienvater am Widerstand gegen ein totalitäres Regime zu beteiligen? Ist es – auf der anderen Seite – verständlich, aus Angst zuzusehen, wie Unschuldige terrorisiert werden? Zwei stets aktuelle Fragestellungen, die man vor diesem Hintergrund kontrovers diskutieren kann. Sie werden in den Interviewpassagen nicht beantwortet. Aber indem die Zeitzeugen schildern, was sie erlebt haben und unter welchen Umständen sie Dinge taten oder auch nicht taten, machen sie diese Zeit wieder lebendig und liefern uns zeitgeschichtliches Hintergrundwissen, das es erleichtert, uns ansatzweise in die Situation hineinzuversetzen. Wir können uns heute aus sicherer Distanz fragen, was wir für richtig halten und wie wir womöglich agiert hätten. Wissen können wir es nicht.

Louis und Julius Abraham gründeten um 1910 u.a. das Warenhaus Gebr. Abraham in der Hindenburgstraße 125. Seit 1927 firmierte es unter dem Namen Tietz. Ab 1934 hieß es Kaufhof AG und es gab keine jüdischen Aufsichtsratsmitglieder mehr. Quelle: Stadtarchiv MG 10/31396.

Die Synagoge an der Karlstraße 15/17, der heutigen Blücherstraße, im Jahre 1914. Quelle: Stadtarchiv MG 10/46131.

Ich kam 1909 in einem bürgerlichen Haus zur Welt. Meine Eltern wohnten zur Miete in der Lüpertzender Straße 126, genau gegenüber der Friedrichstraße. In dem der Straße am nächsten liegenden Raum war das Wartezimmer der väterlichen Praxis, im zweiten das Operations-, im dritten das Empfangszimmer untergebracht. Dahinter lagen die privaten Räume.

Unser Haus in der Erzbergerstraße 6, in dem mein Vater bis Mitte der 30er-Jahre als Allgemeinmediziner praktizierte, war etwa 1911 fertig. Mein Vater hatte es mithilfe des Architekten Robert Neuhaus gebaut, der auch die Häuser der vermögenden jüdischen

Familien in der Mozartstraße so um die Zeit um 1900 gebaut hatte. Dort lebten berühmte Familien, die erst durch Hitler ihre Häuser losgeworden sind. An der Mozartstraße 3, wo heute das Blindenheim ist, wohnte eine der Familien Abraham, die Großkaufleute waren. [Die Brüder Louis und Julius Abraham gründeten Warenhäuser in Rheydt und Mönchengladbach. Im „Dritten Reich" enteignet, wurde ihr 1914 erbautes Wohnhaus ohne Zustimmung der Familie dem Blindenverein gestiftet. Die Familie überlebte den Holocaust in den USA und wandelte in den 50er-Jahren die erzwungene Stiftung in eine freiwillige um. Anm. d. Autorin] Daneben lebten die Familien Jonas und Meyer. Herr Meyer war Generaldirektor der Webstoffaktiengesellschaft.

Ich erinnere mich an den Ausbruch des Ersten Weltkriegs: Am 1. August 1914 begleitete ich meinen Vater zum Hauptbahnhof. Ich hatte eine Holzkanone zum Geburtstag geschenkt bekommen und zog sie neben mir her. Ich war fünf Jahre alt und mein Vater sagte: »Die nimmst du mit! Damit erschießt du alle Franzosen!« Da bin ich weinerlich geworden.

Mein Vater fuhr los mit seinem Regiment. Man versammelte sich im Zug und über Trier ging es nach Saarbrücken. Von dort marschierten sie an die Front nach Frankreich. Vater fuhr als Oberstabsarzt des Regiments mit und nahm an der berühmten Marneschlacht teil. Im Kugelhagel verband er seinen schwer verwundeten Regimentskommandanten. Dabei erlitt Vater das, was man heute einen Schock nennt: Er zog sich ein Nervenleiden zu, verbunden mit psychischen Anfällen, die zu Hause etwa monatlich auftraten. Dann saß er in der Ecke und litt beträchtlich unter Ängsten. Mein Vater ist nie wieder gänzlich davon geheilt worden. Das hatte ich in meiner Jugend bis zu Vaters schrecklichem Tod 1947 stets vor Augen. Er wurde ins Kamillianerkrankenhaus gebracht. Nach seiner Entlassung kam er nicht mehr an die Front, sondern zu einem Regiment, das in der Eifel stand. Dorthin durfte er seine Familie mitbringen. So kamen wir für einige Zeit nach Monschau.

1915 wurde ich eingeschult in die Israelitische Volksschule an der damaligen Karlstraße, heutigen Blücherstraße, und kam später mit einem guten Zeugnis in die Sexta des Stiftisch-Humanistischen Gymnasiums. Die Israelitische Volksschule war im Gebäude der Synagoge untergebracht. Wenn man vor dem Gebäude stand, lagen Parterre rechts die tieferen Klassen, links die höheren. Zum Unterrichtszweck gab es nur zwei Klassenräume, da sonst die Anzahl der Kinder für die einzelnen Klassen nicht groß genug gewesen wäre. Jede Klasse hatte einen eigenen Lehrer und beide waren vorzügliche Leute. Für die höheren Klassen war es Leo Fröhlich, Josef Rosenbusch unterrichtete die unteren Klassen. Rosenbusch war ein ganz hervorragender Lehrer, der glänzend das jüdische Lehrerseminar absolviert hatte. Gut als Pädagoge und außerdem auch ein Kenner der fünf hebräischen Bücher Moses. Er konnte sie in hebräischer Schrift geschrieben aus den Thora-Rollen vorlesen. Das war Rosenbuschs Tätigkeit am Samstag im Gottesdienst. Er verfügte zwar über keine schöne, aber eine prägnante Stimme, während Herr Fröhlich sehr musikalisch war.

In meiner Klasse am Stiftisch-Humanistischen Gymnasium war ich der einzige jüdische Schüler. In der Parallelklasse gab es auch einen, den Jonas, einen Vetter des Philosophen

Vor dem Hauptbahnhof Mönchengladbach warteten um 1913 noch Pferdedroschken auf Fahrgäste. Quelle: Stadtarchiv MG 10/9333.

Eine jüdische Volksschulklasse in Mönchengladbach um 1923 mit den Lehrern Willi Katz (links) und Josef Rosenbusch. Quelle: Stadtarchiv MG 10/39787.

Hans Jonas. Über Politik haben wir unter uns Schülern nicht gesprochen. 1927/28 war Politik nur üblich in Form der verdeckten Nazi-Nadel. Seit der Geschichte in München – dem Marsch auf die Feldherrnhalle 1923 – gab es hier schon Leute, die Mitglied der NSDAP waren und eine Nadel hatten, die sie aber nicht vorne sichtbar, sondern unter dem Revers trugen.

Der Turnlehrer Hartmann ist mal ausfallend geworden: »Wallach, springen Sie doch. Sie fallen sonst auf Ihre jüdische Nase!« Ich sagte es dem Vater, der ging gleich hin in die Schule: »Oh«, beteuerte Hartmann, das sei ihm so rausgeplatzt. Er hat sich riesig entschuldigt. Ich weiß noch, wie er zu uns nach Hause kam und mit meinem Vater, Dr. Wallach, sprechen wollte. Und es sei doch nicht so gemeint gewesen. Er gebe sich mit mir alle Mühe. Ich war schlecht im Turnen. Das Abitur konnte ich mit meiner Vier in diesem Fach nicht bestehen. Aber ich hab's bestanden. In Religion war ich »sehr gut«. Nachdem der Rabbiner Gelles, der jüdischen Religionsunterricht erteilte, den Turnlehrer darum gebeten hatte, erklärte sich Herr Hartmann bereit, mir ein »Genügend minus« zu geben.

Durch die Mitschüler gab es übrigens keine Übergriffe. Meine Schwester besuchte die Gladbacher Mädchen- schule an der Lüpertzenderstraße, wo heute die Musikschule ist. Hier bekam sie als Jüdin Anfang der 30er-Jahre kein Abitur mehr. Die

Direktorin hatte gesagt: »Sie kriegen bei mir kein Abitur!«

Einige meiner Mitschüler sind später bekannt geworden. Der bedeutendste, der es wohl am weitesten gebracht hat, war Franz Meyers, der gleich nach dem Zweiten Weltkrieg Oberbürgermeister von Mönchengladbach wurde, später Innenminister in Düsseldorf und dann NRW-Ministerpräsident. Er war geradezu großartig im Umgang mit Menschen aller Klassen und Glaubensrichtungen.
Dr. Kurt Shimon Wallach
Geisteswissenschaftler, Jahrgang 1909

In meinem Poesiealbum habe ich eine Widmung von Kurt Weinberg, einem jüdischen Mitschüler aus der Zeit meiner Ausbildung an der „Kaufmännischen Privatschule von Bernhard Levor", die sich auf der Hindenburgstraße über Hettlage befand. Ich besuchte sie 1930. Kurt Weinberg kam von Rheydt. Er stieg morgens am Kaiserbad aus. Dort trafen wir uns und gingen dann gemeinsam durch die Friedrichstraße zur Hindenburgstraße. Es war bekannt, dass Weinberg Jude war. Das war nichts Besonderes, weil ja auch der Schulleiter - Bernhard Levor - ein Jude war. Darüber haben wir gar nicht nachgedacht.
Lisbeth Maahsen
Gastwirtin, Jahrgang 1913

Meine - auf Deutsch gesagt - jüdische Konfirmation war die erste, die der Rabbiner Gelles abhielt. Bei Lehrer Rosenbusch lernte ich für den Vortrag einen Abschnitt der fünf Bücher Moses, einen Teil des Alten Testaments. Die Festrede hielt damals Herr Gelles - daran kann ich mich noch sehr gut erinnern. Nachmittags fand

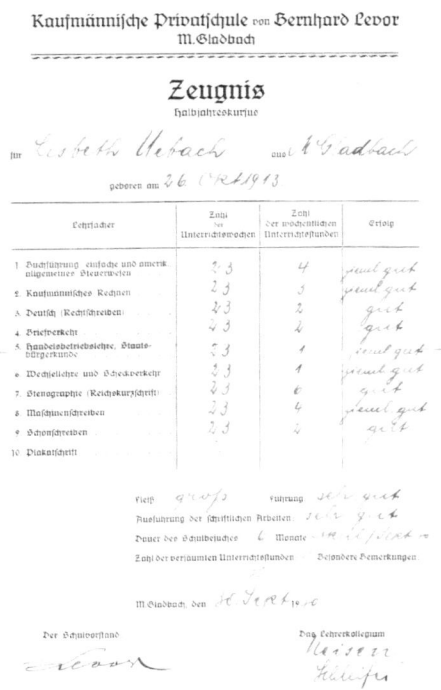

Das Zeugnis der „Kaufmännischen Privatschule Bernhard Levor" für Lisbeth Maahsen, geb. Uebach, ausgestellt am 30. September 1930.

bei uns zu Hause ein Essen statt. Es kamen der Großvater und die Großmutter mütterlicherseits, außerdem der Herr Rabbiner mit seiner Frau, soweit ich mich erinnere auch Herr Rosenbusch mit Gattin.

Meine Konfirmation - auf Hebräisch Bar Mizwa - fand zufällig an einem besonderen Datum der Weltgeschichte statt: am 22. Juni 1922, an einem Samstag natürlich - das Fest der Bar Mizwa fällt immer auf einen Samstag. Es war der Tag der Ermordung von Walther Rathenau, eine der furchtbarsten Taten politischer deutscher Geschichte.

Siegfried Gelles kam 1922 als erster und letzter in der Stadt wohnhafte Rabbiner nach Gladbach. Es hat hier

Dr. Siegfried Gelles war der einzige Rabbiner in Mönchengladbach. Als die Aufnahme entstand war er 59 Jahre alt. Quelle: Stadtarchiv MG 10/40892

Im rückwärtigen Teil der Abteibergstraße 4 befand sich von 1823 bis 1864 die erste Mönchengladbacher Synagoge. Das Foto entstand um 1950. Quelle: Stadtarchiv MG 10/39732

nur ein einziges Mal einen Rabbiner gegeben. Herr Gelles fand unsere ehemalige Wohnung an der Lüpertzender Straße 126 so interessant, dass er sie für sich genommen hat. In den späten 30er-Jahren gelang es ihm noch, mit seiner Familie – Gattin und vier, fünf Kindern – nach England auszuwandern. Er hatte u.a. Zwillinge: die Mädchen Ruth und Recha. Sein einziger Sohn wurde Rabbiner im Nachkriegs-Köln.

Die Synagoge auf der früheren Karl-, heutigen Blücherstraße, war die erste in Mönchengladbach, die nach dem Berliner Vorbild der großen Synagoge auf der Oranienburger Straße moderner gebaut worden war. Davor war sie im ehemaligen Speisesaal des Benediktinerklosters auf der Abteibergstraße

untergebracht. Die allererste Synagoge hatte in einem Garten an der Weiherstraße gestanden.

Den 30. Januar 1933 – den Tag der nationalsozialistischen Machtübernahme – habe ich als Student in München erlebt, mit allem, was auf den Straßen und in den Hallen der Universität zu hören war. Ich kam nach Mönchengladbach zurück und teilte meinem Vater mit, dass ich plane, mich vorerst zu seinem ältesten Bruder ins Heilige Land zu begeben. Mein Vater fand es nicht richtig. Aber mein Vater war niemals gegen etwas, er war immer für etwas. Dafür, dass ich zu seinem Bruder ging, damit ich mal endlich unter Aufsicht etwas frommer würde. Mein Vater schrieb seinem Bruder: »Mein Sohn kommt!« Gar nicht gefragt, ob er sich freut oder so. Meine Schwester kam später mit den Eltern nach Israel.

Im Februar 1933, als ich schon meine Einreise ins Heilige Land in die Wege leitete, wollten meine Eltern noch nicht auswandern. Mein Vater, der Kämpfer an der Marne, hat nie verstanden, dass je passieren könnte, was dann passiert ist. Er hatte das Frontkämpferabzeichen. Das trug er natürlich. Vater sagte: »Ach, was tut man schon den alten Leuten!« Er realisierte es erst am 9. November 1938, als die Synagoge am anderen Morgen nicht mehr stand und man ihm seine Bände der fünf Bücher Moses verbrannt hatte, die ihm seine Eltern geschenkt hatten mit der Widmung »Meinem lieben Sohn – Deine Mutter/ Dein Vater«. Noch in derselben Nacht schrieb er an seinen Bruder, Dr. Moritz Wallach, nach Israel.

Ob es mir schwer gefallen war, aus Mönchengladbach wegzugehen? Es war doch klar, dass das ein bitteres Ende nehmen würde. Sechs Millionen, diese Zahl von Toten konnte es nur geben, weil die Mehrzahl der Leute den Massenmord nicht für möglich gehalten hatte. Es ist heute sehr schwer zu schildern, warum das so war und welche Stimmung damals unter der jüdischen Bevölkerung herrschte. Die Nationalsozialisten hatten es doch an jeder Ecke gesagt, in jeder Versammlung: Die, die nicht gehen, werden aufgehängt, erschossen oder sie verhungern. In den Jahren von 1933 bis zum Brand der Synagogen ist den Leuten wohl – zu spät – die Erkenntnis gekommen. Der ganze Völkermord wäre unmöglich gewesen, wenn die Juden erkannt hätten, dass es um ihr Leben ging. Dass in diesem System alles mög-

Dr. Kurt Shimon Wallach heute.

lich war. Die Bevölkerung hat nicht geglaubt, dass das, was die neuen Machthaber androhten, möglich sei. Einfach nicht geglaubt! Die Juden mit Geld sind dann plötzlich alle auf und davon gegangen, soweit sie noch nicht rechtzeitig 1935, 1936 oder 1937 gestorben waren.
Dr. Kurt Shimon Wallach
Geisteswissenschaftler, Jahrgang 1909

Wir hatten einen jüdischen Hausarzt: Dr. Walter Simons war ein tüchtiger und gewissenhafter Arzt. Mitte der 30er-Jahre geriet aber jeder, der sich noch von einem jüdischen Arzt behandeln ließ, in Schwierigkeiten, musste sich ständiges Nachfragen gefallen lassen. 1936 entzog man Dr. Simon die Kassenzulassung, dann die Approbation. Schließlich verschwand er und ich sah ihn nie wieder. Wie ich später erfuhr, war er in der Pogromnacht vom 9. auf den 10. November 1938 gemeinsam mit anderen Juden nach Dachau gebracht, dann aber wieder entlassen worden. 1942 deportierte man ihn nach Polen, wo er umkam.

Ein jüdischer Geschäftsmann, der wie Vater ein kleines Schuhgeschäft auf der Hauptstraße betrieb, plante, Deutschland zu verlassen. Um seine Ware vorher noch zu Geld zu machen, setzte er sich mit meinem Vater in Verbindung. Die Abwicklung der geplanten Warenübernahme war eine höchst brisante Sache: Denn obwohl das jüdische Geschäft gleich gegenüber lag, war es unmöglich, die Schuhe einfach zur anderen Straßenseite ins Geschäft meines Vaters zu schaffen. Es wurde also ein Hinterausgang zur Mühlenstraße benutzt, und über die Dorfbroicher und die Wilhelm-Strauß-Straße – damals Dr.-Frick-Straße – gelangten die Schuhe durch den Hintereingang in Vaters Geschäft an der Hauptstraße 126.

Heinz Habrich
Lehrer, Jahrgang 1926

Die halbe Hauptstraße in Rheydt, in der wir damals wohnten, bestand aus jüdischen Geschäften. Zum Beispiel das Geschäft gegenüber, »Landsberg«, und der jüdische Metzger. Man kann sagen, jedes zweite Geschäft war ein jüdisches Geschäft. Ich kann mich noch gut an die »Kristallnacht« erinnern. Meine Schwester und ich schliefen. Plötzlich hörte ich Geräusche von der Straße. Ich sagte zu meiner Schwester: »Luise, da fährt ein Wagen in entgegengesetzter Richtung.« Wir liefen zum Fenster und schauten hinaus. Unten stand ein Lastwagen voller SA-Männer. Sie sprangen heraus, schlugen mit schweren Hämmern die Jalousien bei dem Metzger gegenüber kaputt und stürmten das Geschäft. Zwei Häuser

neben uns befand sich ein Modehaus, ein jüdisches Hutgeschäft. Eine Frau oben im Fenster dieses Hauses schrie herunter: »Mein Schwager hat das Eiserne Kreuz!«

Auch beim Bäcker gegenüber wurde die Scheibe eingeschlagen. Der Bäcker kam herausgelaufen, dahinter vier Gesellen in weißer Kleidung: »Räuber, Räuber!«, riefen sie. Und da schrien wir ihnen schon vom Fenster aus zu »Zurück, zurück!«, weil wir wussten, eine Gegenwehr hatte ja gar keinen Zweck in diesem Moment. Es war ein Aufruhr in Rheydt!

Nachdem in den jüdischen Schaufenstern die Scheiben eingeschlagen worden waren, ging die Sirene. Meine Schwester und ich sahen schon, dass auf der Wilhelm-Strater-Straße Feuer loderte, Rauch aufging. Wir zogen uns ganz schnell an und liefen sofort zur Synagoge. Als wir ankamen, wurde gerade der Rabbi herausgeführt. Ein Feuerwehrwagen stand bereit. Wir kannten zufällig den Feuerwehrmann. Ich fragte: »Warum löscht ihr denn nicht?« Die Synagoge brannte und die Feuerwehr wollte löschen. Aber die Nazis hatten einen Wagen auf die Schläuche gefahren, sodass sie nicht löschen konnte. Es wurde nicht geduldet.

Später sprach man zwar über diese Ereignisse, aber da gab es schon die Angst. Sie hatten ja damals schon überall KZ. Es wurde geduckt. Auch wir empfanden Angst und natürlich Empörung. Als Christ kann man ja gar nicht begreifen, dass so etwas möglich ist, so ein Hass. Nach der »Kristallnacht« wurden die jüdischen Geschäfte von anderen, christlichen Geschäften übernommen. Man konnte sie sehr billig erwerben. Die Inhaber der jüdischen Geschäfte am Markt und auch unser jüdischer Vermieter sind vergast worden. Ja, sie sind alle umgekommen. Nicht ein einziger ist lebend herausgekommen, wie ich später erfuhr.

Gerda Wintzen
Unternehmerin, Jahrgang 1913

Ab 1941 mussten Juden gut sichtbar an der Oberbekleidung den gelben Davidstern tragen. Mein Freund Theo Drossart und ich hatten nachmittags im Rheydter Stadttheater eine Operettenaufführung besucht und waren auf dem Nachhauseweg. Auf der Friedhofstraße gingen vor uns zwei Mädchen und wir beschlossen, sie anzusprechen. Als wir sie einholten, bemerkten wir den Judenstern an ihrer Kleidung. Eilig machten wir, dass wir weiter kamen. Wie mag das auf diese Mädchen gewirkt haben? Wir sahen damals keine andere Möglichkeit, obwohl uns diese Szene sehr bedrückte. Noch heute beschäftigt uns die Situation, die mein Freund und ich immer wieder noch einmal ansprechen.

Heinz Habrich
Lehrer, Jahrgang 1926

Herr S., Bankdirektor, war wie alle Juden in der Nazizeit ab September 1941 verpflichtet, den gelben Stern zu tragen. Man zog ihn zur Arbeit bei der Müllabfuhr heran. An einem Wochenende kam er zu meinem Vater in die Praxis und berichtete, er müsse sich am kommenden Montag bei der Gestapo melden. Mein Vater drängte: »Sofort weg von hier!« Er gab Herrn S. zum damaligen Entsetzen meines Bruders dessen Fahrrad und schickte ihn damit an den Hariksee. Ein Freund meiner Eltern, Herr Dr. Bay, hatte dort ein Häuschen. Herr S. soll-

Die Rheydter Synagoge in der Wilhelm-Strater-Straße, um 1920. Sie wurde am 10. November 1938 verwüstet, nachdem einen Tag zuvor schon die Synagoge an der ehemaligen Karlstraße, der heutigen Blücherstraße, zerstört worden war. Das gleiche Schicksal erlitten auch die Synagogen von Wickrathberg sowie die Odenkirchener Synagoge. Quelle: Stadtarchiv MG 10/25319.

te sofort dorthin, ohne seine eigene Wohnung vorher noch einmal zu betreten. Frau S. sagte man nicht, wo ihr Mann sich befand. Bankdirektor S. fuhr also zum Hariksee und blieb dort. Einige Zeit später fürchtete man um seine Sicherheit in dem Häuschen. So kam er wieder nach Gladbach und fand Unterschlupf bei verschiedenen Familien, die alle der Bekennenden Kirche angehörten.

Herr H. war ein jüdischer Fischhändler. Mein Vater brachte ihn mit dem Auto bis zur Grenze nach Dalheim und erklärte ihm, an welcher Stelle er nach Holland herübergehen könne. Er kam bei einer holländischen Familie unter und hat wohl überlebt.

Mein Vater ist zwei- bis dreimal von der Gestapo verhört worden. Am dritten Tag nach der Besatzung durch die Amerikaner, also am 3. oder 4. März 1945, kam ein Gestapo-Mann – er wohnte auf der Lützowstraße – zu uns.

Dieser Mann berichtete, mein Vater sei bei der Gestapo bekannt gewesen, man habe auch von seinen Aktivitäten zum Schutz jüdischer Mitbürger gewusst. Er zählte meinem Vater alles Mögliche auf, was dieser im Geheimen getan hatte. Von einer Verhaftung ist wohl abgesehen worden, weil Vaters Anwesenheit als einziger HNO-Facharzt in Mönchengladbach, der auch als Bunkerarzt tätig war, erforderlich war. Vater sollte ihm nun schriftlich geben, dass er durch die Partei nicht behelligt worden war, damit nun wiederum er, der Gestapo-Mann, geschont werde. Mein Vater soll nach diesem Gespräch kreidebleich ausgesehen haben. Er stellte das gewünschte Führungszeugnis sicher aus.
Inge Hollweg
Ärztin, Jahrgang 1921

In Mönchengladbach gab es nach dem Kriege ganz wenige Juden, die zurückgekommen sind. Wie zum Beispiel Herr Raphaelsohn und sein Sohn, Nachfahren des Fabrikanten Louis Raphaelsohn, der 1900 den M.Gladbacher Orchesterverein gegründet hatte, aus dem 1903 das städtische Orchester hervorging. Oder Kurt Hecht, der dann über 40 Jahre Vorsitzender der Jüdischen Gemeinde war.
Dr. Kurt Shimon Wallach,
Geisteswissenschaftler, Jahrgang 1909

4. »Drittes Reich« und Zweiter Weltkrieg

Gegen Ende der Weimarer Republik lebten große Teile der Bevölkerung Deutschlands in großer Not, im Jahre 1932 waren über sechs Millionen Menschen arbeitslos. Auch in Mönchengladbach spielten sich blutige Straßenkämpfe zwischen Kommunisten und Anhängern der Rechten in einem damals ungewohnten und heute unvorstellbar brutalen Maß ab. Beerdigungen politischer Gegner wurden zu öffentlichen Demonstrationen und am 30. Januar 1933 konnte man schließlich die SA über die Hohenzollernstraße marschieren sehen. Joseph Goebbels besuchte 1933 seine Heimatstadt Rheydt und versprach, dass sie wieder von Mönchengladbach getrennt würde – was auch noch im selben Jahr geschah. Nach der Machtübernahme der Nationalsozialisten wurde alles straff organisiert: Kinder und Jugendliche sollten in die neuen Jugendorganisationen – Jungmädel, Deutsches Jungvolk, Hitlerjugend – eintreten. Außerdem standen für sie Kriegshilfsdienst und der Einsatz als Ernte- oder Luftwaffenhelfer auf dem Programm. Acht Monate nach Kriegsausbruch erlangte Mönchengladbach traurige Berühmtheit: »Das britische Kabinett hatte nach Churchills Amtsantritt am 11. Mai den Grundsatz des Zivilschutzes aufgehoben, die erste bombardierte Stadt war Mönchengladbach, wo 35 Hampdens und Whitley-Bomber in der Nacht zum 12. Mai 1940 Straßen und Schienenwege bombardierten.« (aus: Jörg Friedrich: Der Brand. Deutschland im Bombenkrieg 1940-1945.) Dies war der erste Bombenabwurf mit Todesopfern auf deutschem Boden. Über die Folgen der Bombardierungen ist hier Erschütterndes zu lesen und zu sehen.

Die zerstörte Innenstadt von Rheydt im Jahre 1945. Man erkennt noch den Marktplatz mit der ausgebrannten Ruine der evangelischen Hauptkirche. Senkrecht in der Bildmitte verläuft die Hauptstraße. Quelle: Stadtarchiv MG 10/21695

In meiner Jugend interessierte ich mich nur für schöne Uniformen. Von 1928 bis 1931 machte ich zwar eine Lehre als Färber, wollte aber eigentlich Soldat werden, eine schöne Uniform tragen. 1932 bin ich in die NSDAP eingetreten. Meinen Sie, es wäre einfach gewesen, in die Partei zu kommen? Ach was! Ich war zunächst ein Jahr lang SA-Anwärter. Vorher hatte ich ein Formular auszufüllen. »Spitzbuben« nahmen sie nicht. Nach einem Jahr erhielt ich das Mitgliedsbuch und ging in die SA. In Hermges hatten wir einen Saal an der Dessauer Straße 46, gegenüber »Gottschalk«. Da wurde ein bisschen exerziert, links herum, rechts herum. Ich bin bei der SA nichts geworden. Ein halbes Jahr ging ich dorthin, jede Woche. Ich traf dann einen, der sagte: »Komm', wir gehen einen trinken!« Das war doch

Willi Grote wurde im Jahre 1936 Soldat bei der Luftwaffe.

alles so ein Kram! Mir gefiel das nicht. Und außerdem hatte ich kein Geld für eine richtige Uniform. Das war in der schlechten Zeit. Die Färberei meiner Familie väterlicherseits in Rheydt war geschlossen und mein Vater erhielt 14, ich sechs Mark Arbeitslosengeld.

Gegen Ende der Weimarer Republik Anfang der 30er-Jahre gab es etwa 30 Parteien: SPD, Zentrum, Deutschnationale, Kommunisten und viele mehr. Die haben herumgemurkst und überhaupt nichts zu Stande gebracht. Da hörte ich eine Rede von Adolf Hitler. Er sagte wörtlich: »Wir wollen alles, was man uns im Versailler Vertrag abgenommen hat, wieder haben!« Er wollte eine Wehrmacht aufstellen und einen Arbeitsdienst. Ich dachte: Eine Wehrmacht – das ist in Ordnung. Du willst ja Soldat werden! Ich begeisterte mich dafür und machte mit bei der Wahl 1932. 1936 wurde ich Soldat bei der Luftwaffe in Königsberg. In dieser Zeit bin ich wegkommandiert worden ins Wachregiment Göring nach Berlin. Von da aus wurde ich wieder versetzt. Meine Frau reiste mir hinterher. Inzwischen war mein zweiter Sohn geboren worden. Ich wurde Geschützführer, dann Geschützstaffelführer und Hauptfeldwebel.

Als ich 1938 heiratete, erhielt ich 1.000 Mark Ehestandsdarlehen und später zur Geburt meiner Söhne jeweils 500 Mark. In dieser schlechten Zeit! Ich besaß ein Radio für 30 Mark und einen VW für 1.000 Mark.
Willi Grote
Handelsvertreter, Jahrgang 1912

Am 30. Januar 1933, als die Nazis zum ersten Mal durch die Stadt zogen, konnten wir die SA von unserem Balkon auf der Rückseite der Blücherstraße – der früheren Karlstraße

– marschieren sehen. Sie trugen Fakkeln und zogen damit die Hohenzollernstraße hoch.
Inge Hollweg
Ärztin, Jahrgang 1921

Es gab eine Schicht von Menschen, die begeistert war. Eine andere Schicht wieder nicht. Ich glaube, dass Wenige gleichgültig waren. Entweder sie waren begeistert oder eben ablehnend.
Gerda Wintzen
Unternehmerin, Jahrgang 1913

1933 erlebte ich als Sechsjähriger eine Beerdigung mit, die eine politische Demonstration wurde. Ein kommunistischer Nachbar war auf dem Nachhauseweg getötet worden. Es hieß, SA-Leute hätten ihn überfallen. Im Vorgarten des Hauses Loosweg 59 (heute Heppendorfer Straße) war die rote Fahne an einem Mast gehisst worden. Damals fuhr noch der Totenwagen, von einem Pferd gezogen, vom Haus zum Friedhof, und die Trauergäste begleiteten ihn. Der Zug hatte noch nicht das Straßenende erreicht, da fiel ein Schuss. Die Menschen stoben auseinander und suchten Schutz. Ich stand plötzlich alleine auf dem Bürgersteig und irgendjemand stieß mich in einen Hauseingang. Für kurze Zeit blieb der Totenwagen verlassen auf der Straße stehen. Dann formierte sich der Zug wieder und zog weiter. An der Straßenecke hatte sich demonstrativ eine Gruppe Männer in SA-Uniform aufgebaut.
Heinz Habrich
Lehrer, Jahrgang 1926

Anfang der 30er-Jahre wurde ich Zeuge eines Straßenkampfes. Im Februar 1933 war in Gladbach ein ehemaliger SS-Mann, der zur KPD übertreten wollte, erschossen worden. Viele Kommunisten aus dem Ruhrgebiet kamen nach Mönchengladbach zum Begräbnis. Ich hatte mich informiert: Es hieß, der anschließende Protestzug werde am Kaiserbad, Berliner Platz, aufgelöst. Ich ging mit einem Freund hin. Die Kommunisten hatten sich versammelt, spielten Schalmei und hatten Schlägerkappen auf. Sie schrien »Mörder!« Plötzlich kam Polizei, 18 Leute auf zwei großen offenen Wagen. Sie saßen sich gegenüber, hatten Tschakos auf, eine Pistole umgeschnallt und einen Gummiknüppel. Der Polizeioffizier rief: »Erster Wagen absitzen!« Die Männer sprangen herunter und stellten sich auf. Der Offizier kommandierte: »Sturmriemen lang!« und »Straße räumen!« Da wüteten die Polizisten los. Bloß auf die Köpfe gehauen. Sie sausten die Viktoriastraße herauf und die Lüpertzenderstraße entlang hinter den Kommunisten her. Die haben richtig Prügel bezogen! Mein Freund und ich verdrückten uns sofort.
Willi Grote
Handelsvertreter, Jahrgang 1912

Nach meiner Kommunion 1934 wurde ich Messdiener. Doch seitens der Nazis kam es immer häufiger zu Schwierigkeiten. Ab 1936 durften keine Gruppenstunden mehr stattfinden, nur noch für den Gottesdienst geübt werden. Einigen älteren Messdienern wurde abends auf dem Heimweg aufgelauert und man verprügelte sie. Im Sommer 1941 nahm ich an einem Ferienaufenthalt der Gemeinde St. Franziskus in Monschau teil. Kurz nach unserer Rückkehr erhielten zwei Jungen und ich eine Aufforderung, uns im Polizeipräsidium an der Gartenstraße zu melden. Die angegebene

Der NS-Reichsminister Goebbels hielt am 24. April 1933 auf der Freitreppe des Rheydter Rathauses eine Rundfunkansprache. Quelle: Stadtarchiv MG 10/3369.

Abteilung war die Gestapo. Ich wurde zu der Ferienmaßnahme befragt und zu den Liedern, die wir auf der Zugfahrt gesungen hatten. Wir konnten uns gut herausreden, weil die HJ viele Fahrten- und Wanderlieder der konfessionellen und politischen Jugendverbände übernommen hatte. Es wurde aber ausdrücklich darauf hingewiesen, dass jede Art von Jugendarbeit verboten war.
Heinz Habrich
Lehrer, Jahrgang 1926

Hanns Schmitz, der nach dem Krieg erster Kulturdezernent hier in Gladbach wurde, war früher mit Joseph Goebbels zusammen in Rheydt auf der Oberrealschule gewesen. Nach dem Machtantritt der Nationalsozialisten gab es einmal ein Treffen ehemaliger Schüler dieser Schule. Herr »tz« – so wurde der Journalist Hanns Schmitz allgemein nach seinem Namenskürzel genannt – war mit

unserer Familie persönlich befreundet und erzählte uns, wie Goebbels ihn, seinen ehemaligen Klassenkameraden, bei diesem Zusammentreffen aufgefordert habe: »Komm' nach Berlin. Ich kann dir eine Stelle besorgen. Du musst dann natürlich in die Partei. Du weißt ja nicht, was es heißt, sich in Macht baden zu können!« »tz« ging nicht in die Partei und auch nicht nach Berlin.
Inge Hollweg
Ärztin, Jahrgang 1921

In den 30er-Jahren wohnten wir gegenüber der evangelischen Hauptkirche auf der Hauptstraße in Rheydt, sodass wir von unserer Wohnung aus alles beobachten konnten, was sich auf dem Markt tat. Zum Beispiel wenn Goebbels eine Rede hielt. Ich lag oben in der 5. Etage im Speicherfenster, hörte von dort aus die Reden und beobachtete die Volksaufmärsche. Ja, Goebbels sprach öfter auf dem Rathausplatz am Markt. Er war ja von der Dahlener Straße hier zu Hause, aus christlicher Familie. Studienrat Mollen, der Geistliche, hat ihn sehr christlich erzogen. Tja, ist in die Irre gegangen.

Goebbels konnte enorm reden. Es war ein Hassgesang. Wenn er im Radio sprach – das konnte man bald nicht ertragen. Wir waren praktisch gezwungen, die Reden zu hören. Aber wir schalteten ab, weil wir dieses Organ nicht mehr ertragen konnten.

Gerda Wintzen
Unternehmerin, Jahrgang 1913

1933/34 ging ich mit 13 Jahren als Jungmädel in die Hitler-Jugend. Fast die ganze Klasse trat dort ein. Unsere sehr nette Führerin war Helmi Beckmann, die Tochter eines Dachdeckers von der Wallstraße. Was wurde bei den Jungmädeln gemacht? Wir sangen Volkslieder zur Gitarre, natürlich auch mal ein Nazilied dazwischen, die damals noch nicht so verbreitet waren. Dabei machten wir unsere Weihnachtshandarbeiten. Sonst spielten wir Völkerball. Das einzige Parteigebundene war das Anhören der Geschichte »Hitlerjunge Quex«. Es war eine nette, vollkommen unkomplizierte Jugendgruppe ohne politische Vorträge oder Ähnliches. Aber wenn man 15 Jahre alt wurde, kam man in den BDM. Da fing es an, grässlich zu werden: Man musste sich politische Vorträge nationalsozialistischer Ausrichtung anhören usw. Um diesem auf Dauer zu entkommen, ging ich in den Gesundheitsdienst. Dort nahm man an einer Art Rot-Kreuz-Kursus für Jugendliche mit abschließendem Examen teil.

Am Stiftisch-Humanistischen Gymnasium, das meine drei Brüder

Inge Hollweg als dreizehnjähriges Jungmädel in der Hitler-Jugend, Untergau 233 Mönchengladbach-Rheydt.

besuchten, ging ein Hitlerjugendführer 1940/41 durch die Klassen und jeder musste angeben, welcher HJ-Organisation er angehörte. Mein jüngster Bruder Hans-Georg, der nicht dabei mitmachen wollte, gab einfach an, in der Horst-Wessel-Gruppe zu sein. Die gäbe es doch gar nicht, hielt man ihm vor. »Ich marschiere im Geiste mit!«, sagte mein Bruder daraufhin. Natürlich musste er dann wirklich in die HJ eintreten.

Inge Hollweg
Ärztin, Jahrgang 1921

Den ständigen politischen Druck und die Vereinnahmung durch die Partei ab Mitte der 30er-Jahre auch im normalen Alltagsleben kann man sich heute nicht mehr vorstellen. Zum Beispiel wurde der Eintopfsonntag eingeführt, dessen Einhaltung der Blockwart kontrollierte. Bei diesen Gelegenheiten überprüfte er nebenbei, ob ein Hitlerbild in der Wohnung hing. Eine Klassenkameradin informierte den Blockwart darüber, dass ihr Vater »den Engländer« (BBC) hörte. Sie glaubte, es aus Loyalität gegenüber dem Regime tun zu müssen. Der Vater wurde verhaftet und zwei Wochen festgehalten. Weil er vorher politisch noch nicht aufgefallen war, durfte er wieder nach Hause zurück, verlor aber im Monat darauf schon seinen Arbeitsplatz. Schließlich wurde er für einen Rüstungsbetrieb von zu Hause weg nach auswärts dienstverpflichtet. In der Schule gab es ständig Ermittlungen, wer noch nicht dem Jungvolk angehörte, in Betrieben und Behörden kontrollierte man immer wieder, welcher Angestellte einer Parteiorganisation beigetreten war. 1938 wurde ich »Pimpf« im Jungvolk. Für mich und für viele andere war es eine opportunistische Entscheidung, einer NS-Jugendorganisation anzugehören. Man wich sozusagen dem Druck und musste nicht ständig begründen, warum man

1939 nahm die Schülerin Marga Konnertz, verh. Habrich, an einem Kurzschriftwettbewerb des Nationalsozialistischen Lehrerbundes teil.

nicht Mitglied war. Nur wenige wagten es, dem Regime entgegenzutreten.
Heinz Habrich
Lehrer, Jahrgang 1926

Im September 1939 musste ich als Ersatz für das letzte halbe Schuljahr Kriegshilfsdienst leisten. Dafür bekamen wir zu Ostern 1940 ohne Examen ein Abiturzeugnis mit den Durchschnittsnoten der letzten zweieinhalb Jahre. Als der Kriegshilfsdienst anfing, wusste keiner wohin oder was überhaupt zu tun war. So ergriff ich selbst die Initiative, ging zum Bahnhof und teilte als Mitarbeiterin des Roten Kreuzes Essen an die nach Frankreich ziehenden Soldaten aus. Dann teilte mich die NS-Frauenschaft einer Familie zu, in der das vierte Kind gerade angekommen war. Der Mann war eingezogen und die Mutter sollte sechs Wochen lang eine Hilfe haben. Dort ging ich morgens hin und blieb bis mittags. Nachmittags kam ich wieder, spielte mit den Kindern usw. Nach diesen sechs Wochen wusste man wieder nicht wohin. Es war schlecht organisiert. Ich ging schließlich ins Kinderheim Neuwerk, wo ich praktisch den ganzen Tag Kleinkinder auf's Töpfchen setzte und Streithähne beruhigte. Das war wirklich anstrengend. Meine letzte Stelle führte mich wieder zu einer Familie mit drei Kindern, das vierte war unterwegs. Die arme Frau! Der Mann war ein Nazi und bekleidete eine hohe Stelle in einem Amt in Mönchengladbach. Nach seinem Dienst betrank er sich, kam nach Hause und schlug seine Frau. Ich kümmerte mich um die schwer rachitischen, zweijährigen Zwillinge und blieb dort bis Ostern 1940.
Inge Hollweg
Ärztin, Jahrgang 1921

1939 sind die Russen bei uns in Trembowla, damals Polen, heute Ukraine, einmarschiert. Ich besuchte das Gymnasium. Von diesem Zeitpunkt an musste ich auf eine russische Schule gehen. Als die Deutschen 1941 kamen, machten wir gerade die Abiturarbeiten und saßen in unseren Bänken. Zwei SS-Männer holten sechs Mädchen heraus – ich war unter ihnen. Wir wussten nicht warum und weshalb. Wir sind zur Polizei gebracht worden, danach zum Bahnhof, wo viele Polen und Ukrainer warteten. Es wurde ein großer Transport nach Deutschland zusammengestellt. Mein Vater und meine Stiefmutter erfuhren erst von den Mitschülerinnen, dass wir abgeholt worden waren. Ich hatte nichts bei mir. Am Mönchengladbacher Hauptbahnhof angekommen, brachte man uns zum Arbeitsamt, wo der Bauer Krumen aus Kleinenbroich und sein Sohn sowie zwei weitere Landwirte auf meine zwei Schulkameradinnen und mich warteten. Es war Karfreitag. Ich konnte etwas Deutsch, Schuldeutsch. Herr Krumen sagte mir, dass er mich als Fremdarbeiterin zu sich auf seinen Bauernhof nehmen werde. Ich hatte keine Angst, ich freute mich auch nicht – man war wie tot. Ich hatte keinerlei Gefühle.

Familie Krumen in Kleinenbroich, wo ich in der Landwirtschaft arbeitete, behandelte mich sehr gut. Der dortige Ortsgruppenleiter beschwerte sich aber darüber, dass Krumens mich – eine Zwangsarbeiterin aus Polen – an ihrem Tisch sitzen und essen ließen und mich mitnahmen in die Kirche. Ich war ganz vorsichtig, wusste nicht, wie ich mich benehmen sollte, hatte Angst, etwas falsch zu machen. Ein junger Mann, der die Familie ab und zu besuchte,

Inge Hollweg (links) mit Klassenkameradinnen von der Staatlichen Oberschule für Mädchen in der Lüpertzender Straße, aufgenommen um 1939.

verliebte sich in mich. Wie ich später erfuhr, gehörte er der SA an. Aus diesem Grund und weil die Familie so menschlich zu mir war, ermahnte der Ortsgruppenleiter die Bauersleute. Der junge SA-Mann ist 1944 an die Front versetzt worden, mich packte man zur selben Zeit nach Mönchengladbach ins Zwangsarbeiterlager an der Krefelder Straße. Dort gab es den Betrieb Dilthey. Alle Bewohner des Zwangsarbeiterlagers arbeiteten bei Dilthey. Ich musste ein Abzeichen tragen, ein aufgenähtes »P«. Die meisten Mitbewohnerinnen waren Russinnen. Schmidt hieß die Lagerleiterin, eine junge, deutsche, schwarzhaarige Frau. Sie war sehr nett. Im Lager gab es zum Beispiel eine Frau mit Kind. Frau Schmidt kümmerte sich auch um das Kind und bemühte sich, es uns allen leichter zu machen.

Bis Kriegsende arbeitete ich bei der Firma Josef Meisen, wo Hanfseile hergestellt wurden. Ich arbeitete dort zusammen mit zwei Frauen, die Deutsch sprachen. Sie lachten mich immer aus: »Du bist eine Deutschverdreherin!« Ich hatte mit niemand anderem Kontakt. Wenn ich mal

Die ehemalige polnische Oberschülerin Marika Picun, verh. Pongs, etwa um 1941/42.

zur Toilette gehen musste, hatte ich zu fragen. Ich durfte nicht alleine gehen.
Maria Pongs
Hausfrau, Jahrgang 1924

Radio und Zeitungen schürten nach dem Kriegsausbruch eine unheilvolle Euphorie und einen Optimismus, der bei den Menschen die Gewissheit eines schnellen Kriegsendes aufkommen ließ. Die Zahl derer, die die Situation kritisch und pessimistisch beur- teilten, war nicht groß oder fiel nicht auf. In den Gesprächen zwischen Vater und seinem Freund Willi Schiffer – nach dem Krieg einer der Oberbürgermeister von Rheydt – zeichnete sich ein düste-

res Zukunftsbild ab. Für mich kaum Vierzehnjährigen war dies damals in Anbetracht der ständigen Erfolgsmeldungen manchmal unverständlich.
Heinz Habrich
Lehrer, Jahrgang 1926

Lieber Gott, mach' mich blind, dass ich Goebbels arisch find'.
Lieber Gott, mach' mich taub, dass ich allen Reden glaub'.
Lieber Gott, mach' mich stumm, dass ich nicht ins Gefängnis kumm'.
Blind und taub und stumm zugleich taug' ich dann für's Dritte Reich.
überliefert durch Inge Hollweg
Ärztin, Jahrgang 1921

Der Bischof Graf von Galen in Münster hielt im »Dritten Reich« Predigten gegen die Euthanasiepläne der Nazis. Mein Bruder Heribert, der später Theologie studierte und heute Professor Dr. Dr. Mühlen ist, hörte damals diese Predigten, vervielfältigte die Texte und verteilte sie in Mönchengladbach. 1941 wurde er von der Gestapo verhaftet und zum Spatzenberg gebracht. Damals war dort gegenüber dem Stiftisch-Humanistischen Gymnasium die Gestapo untergebracht. Heribert war 13 Jahre alt. Meine Mutter telefonierte: »Was wollen Sie eigentlich von dem Kind?« Man antwortete ihr, mein Bruder untergrabe die Staatsräson. Aber wenn er in die »richtigen« Hände komme, könne aus ihm noch etwas werden. Daraufhin wurden bei uns zu Hause Hitlerbilder aufgehängt, falls die Gestapo noch einmal vorbeikäme. Meine Eltern hatten ungeheure Angst um meinen Bruder. Nach ein paar Tagen kam er wieder frei: Ein uns bekannter Staatsanwalt hatte sich für ihn eingesetzt. In den

Akten hieß es: »Der Fall Heribert Mühlen wird nach dem Endsieg neu aufgerollt.«
Rolf Mühlen,
Textil-Ingenieur, Jahrgang 1930

Im Spätherbst 1942 zog man für den Flugabwehrschutz der Städte Schüler der Jahrgangsstufe 9 als Luftwaffenhelfer heran. Auch meine Klasse wurde nach einer einmonatigen Ausbildung auf Flakstellungen in und um Mönchengladbach aufgeteilt. Ich hatte Glück und kam wohnungsnah in eine Stellung an der Bungt »An den zwölf Morgen«. Um unseren Sonderstatus gab es einen Zuständigkeits-Kuddelmuddel: Einerseits waren wir keine Soldaten, sondern Hitlerjungen, und damit verpflichtet, zu unserer wehrmachtsähnlichen Uniform eine HJ-Armbinde zu tragen. Als Schüler, die wir ja noch waren, sollten wir wöchentlich 18 Stunden Unterricht erhalten, waren zu schulischen Leistungsnachweisen und der Anfertigung von Hausarbeiten verpflichtet. Zuständig war ein Betreuungslehrer, der uns in der stellungs-eigenen Kantine unterrichtete. Als Luftwaffenhelfer unterstanden wir aber andererseits der Befehlsgewalt der militärischen Vorgesetzten, die uns auszubilden hatten und für die Einsatzbereitschaft ihrer Einheit verantwortlich waren. Zwischen unserem Lehrer und dem Leutnant als Chef unserer Stellung kam es deshalb zu Kontroversen.

Der Unterricht in der Stellung war eine Farce. Wenn z.B. nächtlicher Einsatz stattgefunden hatte, wurde morgens später geweckt. Es geschah nicht selten, dass der Lehrer eine schlafende Batteriestellung vorfand, wenn er um 8:30 Uhr erschien. Entsprechend

Luftwaffenhelfer Heinz Habrich (unten links) mit Kameraden in einer Flakstellung am Volksgarten, Mai 1943.

gestaltete sich der Unterricht an einem solchen Vormittag.
Heinz Habrich
Lehrer, Jahrgang 1926

Ich war im Deutschen Jungvolk. Nicht in der Hitlerjugend, dorthin kamen die Jungen erst ab 15 Jahren. Alle wurden mit zehn Jahren wie beim Militär eingezogen. Samstagsnachmittags war Dienst beim Deutschen Jungvolk. Ich freute mich darauf. Ich besuchte die Bannführerschule und war mit 13 Jahren jüngster Jungzugführer. Ende 1944/45 führte ich das Fähnlein 9. Man brachte uns bei, Respekt und Disziplin zu haben, zu grüßen, sich in Reih' und Glied zu stellen, zu marschieren, zu singen, und es gab Aufmärsche. Wie sie es später in der DDR aufzogen, so hat Hitler das früher schon gemacht.

Natürlich wurden auch Ausflüge unternommen – ins Grenzgebiet nach Dahlheim zum Beispiel. Dort gab es Spiele, bei denen Gruppen gegen Gruppen antraten. Aber mit Waffen hatten wir nichts zu tun. In der Bannführerschule in Süchteln bildeten uns nachher Leute der Waffen-SS aus. Ich erinnere mich an einen Sturmführer: Er war ein Einarmiger, einen Arm hatte er im Krieg verloren. Man hatte ihn in die Heimat zurückversetzt, wo er den Nachwuchs schulte.

Es herrschte ein sehr scharfer Drill, schlimmer kann es beim Militär nicht sein. Wir wurden um fünf Uhr morgens geweckt, mussten aufstehen und Turnsachen anziehen. Dann hatten wir so lange stehen zu bleiben, bis sich niemand mehr bewegte, alles stillstand. Und es war eiskalt morgens früh! Als Nächstes lief man eine halbe Stunde durch den Wald und wieder zurück, dann in fünf Minuten nochmals antre-ten. Gerade stehen und nun hieß es: »Betten bauen!« Nach dem Bettenbau-en wieder antreten, aber angezogen. Jetzt wurde erst recht gedrillt. In einer richtigen Uniform mussten wir robben, durch Schlamm, durch alles hindurch. Dann zurück zum Lager und in zehn Minuten wieder tip top aussehen, die ganzen Klamotten ausgewaschen. Wir schliefen nachts auf unseren Hosen, um die Falten zu glätten. Morgens, wenn wir wach wurden, hatten wir gebügelte Hosen. Alles musste poliert sein: der Gürtel poliert, die Schuhe poliert. Jedes Teil wurde kontrolliert.

Das Verhältnis der Jungen untereinander war super, kameradschaftlich vor allen Dingen. Wir standen ja alle unter Druck. Mein bester Freund damals, Bert Plücken, war mit von der Partie. In der letzten Stunde durften wir zum Abschied ein Fußballspiel veranstalten. Wir hätten gerne alles Mögliche gemacht, nur kein Fußballspiel,

Der vierzehnjährige Jungzugführer Harald Frentzen am 15. März 1944 mit Mutter Mia und Vater Heinrich in Obergefreitenuniform.

Gefechtspause für die Besatzung eines Panzers der 9. US-Armee im zerstörten Rheindahlen am 27. Februar 1945. Quelle: Stadtarchiv MG 10/42488.

weil wir nicht mehr gehen, nicht mehr laufen konnten vor Muskelkater. Es war eine Qual!
Harald Frentzen
Bestattungsunternehmer,
Jahrgang 1930

1944 musste ich meine Maschinenschlosser-Lehre bei Schlafhorst unterbrechen, weil ich nach der Invasion der Alliierten notdienstverpflichtet und als Hitlerjunge zum Schanzen herangezogen wurde. Ich war 15 Jahre alt. Kurz nach dem großen Angriff in Rheindahlen am 25. Februar 1945 erhielt ich im Wehrertüchtigungslager Hardter Wald den Einsatzbefehl für Rheindahlen. In der Dorfmitte war nach dem letzten Angriff kein Stein

mehr auf dem anderen. Dort sah es ganz furchtbar aus. Überall Tote! Wir Hitlerjungen leisteten Aufräumarbeiten und sahen viel Elend.

Zwischen meinem Schanzeinsatz in Leutherheide und Grefrath war ich in Gladbach bei der Hitlerjugend untergebracht und pendelte zwischen der Ortsgruppenleitung Eiken an der Schwogenstraße / Ecke Eickenerstraße, dem Landgericht und der Regentenschule, in der auch das Wehrbezirkskommando untergebracht war, hin und her. Als bei einem Nachmittagsfliegerangriff die Regentenschule zerstört wurde, brachte man unsere Gruppe aus der Gefolgschaft 1/233 Eicken im Landgericht unter. Wir waren Tag und Nacht im Einsatz.

Ab und zu ging ich mal nach Hause zur Eickener Straße 107, bügelte meine Hose auf oder zog ein frisches Hemd an, dann war ich wieder weg. Meine Mutter hörte wo-chenlang gar nichts von mir.
Josef Bahners
Maschinenschlosser, Jahrgang 1929

Unter Entbehrungen litten wir Geschäftsleute während des Zweiten Weltkriegs nicht. Nein, das wäre gelogen. Ich hatte auch Verwandte mütterlicherseits auf dem Lande. Da brauchte man nur hinzugehen.
Gerda Wintzen
Unternehmerin, Jahrgang 1913

Mein Großvater van der Weyden hatte ein Kohlengeschäft auf der Bergerstraße. Während des Kriegs, als seine Söhne eingezogen waren, bekam er Ukrainer oder Russen als Hilfsarbeiter zugewiesen. Einige dieser Gefangenen holte ich morgens im Gefangenenlager an der Regentenstraße ab und brachte sie abends wieder zurück. Diese armen Teufel, Siebzehn-, Achtzehnjährige, durften nicht auf dem Bürgersteig gehen, sondern mussten durch die Straßen neben mir, dem Vierzehnjährigen, herlaufen wie ein Hund. So ging ich einmal mit einem Ukrainer durch die Hermann-Piecq-Anlage. Als wir die Gabelung zur Kyffhäuserstraße erreichten, guckte oben aus einem Mülleimer eine Stange verfaultes Sup-

Nach Luftangriffen
keine Privatgespräche
am Fernsprecher! Du gefährdest sonst **luftschutzwichtige Gespräche!**

Aufdruck einer im September 1943 verschickten Postkarte.

pen- grün heraus. Der Junge lief hin und aß es mit Heißhunger.
Josef Bahners
Maschinenschlosser, Jahrgang 1929

Mein Vater tat Anfang des Krieges Dienst beim SHD (Sicherheitshilfsdienst) im Rheydter Rathaus. Manchmal nahm er mich mit. Während eines Bombenangriffs standen wir auf dem Rathausturm und beobachteten, in welchem Distrikt die Bomben gefallen waren, wo es brannte. Mein Vater gab die Meldung von dort aus an die Feuerwehr weiter.
Harald Frentzen
Bestattungsunternehmer, Jahrgang 1930

Am Morgen des Angriffs auf Mönchengladbach am 31. August 1943 lag ich als Luftwaffenhelfer in Düsseldorf bei der Flak, in der Schnellenburg. Wir sahen, dass der Himmel in Richtung Mönchengladbach sich immer mehr ins Rot verfärbte. Es war erschütternd. Am nächsten Morgen war der ganze Boden unserer Flakstellung – und es war ein großes Areal – voller verkohlter Papierblätter, manche zum Teil noch gut leserlich, mit Firmen-Briefköpfen aus Mönchengladbach. Der Feuerbrand und der Qualm hier in Gladbach waren so schlimm gewesen, dass sich ein Kilometer hoch hinauf reichender Schlot gebildet hatte. Der Westwind trieb das Material nach Osten herüber, wo es dann am Rhein entlang herunter fiel.
Johannes Riskes
Kaufmann u. Lehrer, Jahrgang 1928

Wir wohnten auf der Mackensenallee, die nach dem Zweiten Weltkrieg in Peter-Nonnenmühlen-Allee umbenannt wurde. Eine der ersten Bomben,

Blick auf das Kirchenportal der Franziskanerkirche an der Ecke Bettrather- und Franziskanerstraße im Jahre 1947. Quelle: Bild-Archiv der Kölnischen Franziskanerordensprovinz.

die während des Kriegs auf Deutschland fielen, landete bei uns hinterm Haus auf einem Feld. Als 1941/42 weitere Angriffe erfolgten, bauten wir bei uns im Garten einen Bunker, in dem meine Eltern, mein Bruder und ich bei Tag und Nacht saßen. Später, als unser Keller nicht mehr sicher genug war, gingen wir oft in den Luftschutzkeller des Franziskanerklosters an der Bettrather Straße / Ecke Franziskanerstraße. Bei dem großen Angriff vom 31. August 1943 liefen wir wieder einmal herüber und sahen vom Botanischen Garten aus, wie die Franziskanerkirche brannte und der kleine Turm in sich zusammenfiel. Wir suchten Schutz im Keller. Dort lagen die Leute alle auf der Erde, beteten und hatten Angst.
Rolf Mühlen
Textil-Ingenieur, Jahrgang 1930

Am 31. August 1943 wurde Rheydt zerstört. Auch unser Haus brannte aus. Wir saßen im Harmoniegarten und schauten zu, wie ein Haus nach dem anderen anfing zu brennen. Mein Vater hatte ein Betttuch mitgenommen. Das tauchten wir in eine Pfütze und legten es über uns, um nicht zu ersticken in dem Qualm. Sobald es etwas ruhiger wurde mit den Bombenabwürfen, machten wir uns zu Fuß auf den Weg nach Giesenkirchen zu meiner Großmutter. Dort hatten wir noch ein großelterliches Haus, in dem wir dann wohnten.

Nach der Bombardierung 1943 besaßen wir ja nichts mehr. Es gab nur noch ein großes Loch auf der Hauptstraße, so groß wie der Liedberger Sandberg. Wir gingen in die Lüneburger Heide, wohin schon eine Tante von mir geflüchtet war. Unsere Familie blieb dort bis Kriegsende.
Gerda Wintzen
Unternehmerin, Jahrgang 1913

Luftkampf über Mönchengladbach-Lürrip. Im Vordergrund sieht man die Bäume des Friedhofs und die Zeppelinschule.

Anfang der 40er-Jahre waren Kühlschränke in den Haushalten noch eher selten. Wir besaßen keinen und so kam ich auf die Idee, ein »Fliegenschränkchen« zu zimmern, um die Lebensmittel vor Insekten zu schützen. Vater besorgte mir Fliegendraht, Scharniere, Ösen und Schrauben. Ich zersägte die Einlegeböden eines ausgedienten Waschtischschranks und fertigte daraus die Leisten für das Fliegenschränkchen an. Die Ecken des Schränkchens versteifte ich mit Bauklötzen, die noch aus unserer Kinderzeit stammten. Nachdem ich die Tür mit einer abgesägten Garnrolle als Griff versehen hatte, wurde die Konstruktion im Badezimmer aufgehängt, dem kühlsten Raum in unserer Wohnung an der Zeppelinstraße.

1943 erhielt ich meine erste Raucherkartenzuteilung, da ich im Januar 18 Jahre alt geworden war. Ich kaufte wie mein Vater Pfeifentabak ein und gewöhnte mir an, wenn ich nachts nicht schlafen konnte, im Badezimmer genüsslich ein Pfeifchen zu rauchen. In einer Vollmondnacht saß ich wieder einmal in der Küche und stopfte meine Pfeife. Das Verdunkelungsrollo am Küchenfenster war wegen der drohenden Fliegerangriffe heruntergezogen. Schmauchend ging ich ins Badezimmer und lehnte mich im Dunkeln aus dem Fenster. Am Horizont lugten hinter den Pappelreihen entlang der Niers die Silhouetten der Türmchen von Schloss Myllendonk hervor. Im Vordergrund lag im Schatten der Bäume der Lürriper Friedhof. Die Zeppelinschule, damals noch mit quadratischem Turmaufbau und Spitzdach, ragte hinter den Friedhofsbäumen hervor. Wie friedlich und ruhig lag jetzt meine kleine Welt vor mir – und doch konnte es plötzlich Fliegeralarm geben. Dann würden die Sirenen aufheulen und die Nachtruhe jäh zerreißen. Die Menschen würden aus ihrem Schlaf aufschrecken und in die Keller hetzen, während die Scheinwerfer der Flugabwehr den Himmel absuchten. Ließ sich ein Flugzeug blicken, so donnerten die Geschütze los, die im Feld hinter unserem Haus stationiert waren, und schossen ihre Granaten auf das feindliche Ziel. Nach der Explosion stürzten die heißen Granatsplitter pfeifend auf die Erde nieder, schepperten über Dächer, knallten auf Straßen oder bohrten sich ins Erdreich. Doch diese Nacht blieb ruhig. Ich schickte ein stilles Gebet zum Himmel: »Lieber Gott, hilf, dieses Völkermorden zu beenden!«

Meine Pfeife war zu Ende geraucht und ich wollte mich wieder zur Ruhe begeben. Da kam ich am Fliegen-schränkchen vorbei und stutzte: Darin lag doch tatsächlich eine Plockwurst. Meine Großmutter hatte sie wohl auf eine Lebensmittel-Sondermarke beim Metzger gekauft. Ich konnte meiner Lieblingswurst nicht widerstehen, öff-nete das Türchen, legte meine Pfeife beiseite und nahm die Wurst heraus. Dann schlich ich leise in die Küche und schnitt mir ein gutes Stück ab. Es schmeckte herrlich. Zum Glück wach-ten meine Lieben nicht auf. Nachdem ich den Rest wieder ins Schränkchen zurückgelegt hatte, ging ich schlafen. Als ich am nächsten Morgen mit dem Fahrrad zum Dienst aufbrechen wollte, fand ich meine Pfeife nicht. »Wer weiß, wo du sie wieder hingelegt hast! Dann rauchst du eben heute mal nicht im Büro!«, entschied meine Mutter. Mit-tags kam ich zum Essen nach Hause. Nach dem Begrüßungskuss stellte meine Mutter mich zur Rede: »Norbert, du hast von der Plockwurst gegessen!« Ich stritt es zunächst ab und stellte mich dumm. »Wie kommst du denn darauf?« Die Antwort überführte mich eindeutig – »Ich habe deine Pfeife im Fliegenschränkchen gefunden!«

Norbert Goertz
Dipl.-Ing. FH Vermessung,
Jahrgang 1925

Wir machten die Bombenangrif-fe schon lange Zeit mit und warte-ten förmlich darauf, was passieren würde, wenn der nächste Angriff käme. Wenn wir bei Bombenalarm im Keller saßen, ließen wir die Türen vorne und hinten offen. So hörten wir immer, aus welcher Richtung der Anflug kam. Wir standen schlimme Angst aus.

Nach dem schweren Bombenangriff am 20. September 1944 hörten wir im Keller das Rauschen, hörten, dass unser Haus an der Hehner Straße 56 brannte. Da schlugen wir aus Angst schnell einen Durchbruch zum Nach-barkeller. Wir saßen mit 18 Personen im Keller, darunter zwei Babys. Durch das Loch in der Wand reichten wir sie von unserem Keller aus ins näch-ste Haus durch. Jeder hatte einen dik-ken Hammer bei sich. In jenen Tagen trug man ständig ein Köfferchen, mit dessen Inhalt man etwa eine Woche zurechtkommen konnte. Schließlich hatte jeder Nachbar sein Köfferchen nach draußen durchgereicht und wir hörten von oben herunterrufen, sie seien alle auf dem Schulhof gelan-det. Dieser lag unserem Haus direkt gegenüber. Wir dachten: »Gut, wenn alles vorbei ist und wir wieder auf die Straße können, holen wir unsere Sachen.« Aber als wir wieder aus dem Keller auf die Straße heraufkamen, war der größte Teil schon gestohlen. Im Treppenhaus war alles in Flam-men aufgegangen und brennend heruntergekracht. Wir hatten nichts mehr anzuziehen, alle unsere persön-lichen Dinge waren verbrannt. Meine Mutter weinte furchtbar.

Nachdem unsere Wohnung zerstört worden war, mussten wir uns am näch-sten Tag als Bombengeschädigte bei unserem Blockwart melden. Er hatte den Überblick darüber, wo Leute eva-kuiert worden waren und wo es noch freie, möblierte Wohungen gab, in die man Bombengeschädigte einquartieren konnte. Vom Kriegsschädenamt erhiel-ten wir Bezugsscheine, mit denen wir Kleider kaufen konnten. Das hat unser Blockleiter alles für uns geregelt.

Uns wurde eine Wohnung oben am Tennisplatz des GHTC (Gladbacher Hockey- und Tennisclub) zugewiesen. Die Bewohnerin war zu ihrem Sohn nach Frankfurt geflüchtet. Eines Tages kam sie zurück und erhob wieder Anspruch auf ihre Wohnung. Sie erhielt sie zurück und wir mussten wieder raus. Wir kamen dann bei einem Onkel von mir in Holt unter, wo wir zusammen mit der Tante und meiner Cousine einige Wochen lebten. Wir schliefen auf Matratzen auf dem Boden. Als Nächstes wurde uns von der Partei das Schulhaus als Wohnung zugewiesen. Dort waren die Wohnverhältnisse sehr beengt und es gab nur ein einziges Waschbecken.

Lisbeth Maahsen
Gastwirtin, Jahrgang 1913

Während des großen Angriffs im September 1944 brannte unser ganzer Textilbetrieb an der Hehner Straße 85 aus. Wir hatten darin 250.000 Kilo Viskosegarne liegen, die aufbereitet werden sollten. Viskose brennt wie Zunder. Mein Elternhaus auf der Mackensenallee brannte ebenfalls aus. Als einziges Haus auf der ganzen Straße war es von einer Brandbombe getroffen worden und bis auf die erste Etage heruntergebrannt. Wir retteten uns schon vorher in den Luftschutzkeller des Franziskanerklosters. Nach dem Angriff löschten wir, es nützte aber nicht mehr viel. Was noch an Möbeln zu retten war, trug man auf die Straße. Unser Hund legte sich mitten hinein und ließ niemanden an die Sachen heran. Provisorisch lebten wir für kurze Zeit im zerstörten Haus weiter, offene Stellen in der Mauer und den Fenstern hängten wir zu.

Rolf Mühlen
Textil-Ingenieur, Jahrgang 1930

Meine Freunde und ich erlebten Ende 1944 bei uns auf der Wickrather Straße, wie die Fahrgäste einer ganzen Straßenbahn bei plötzlich einsetzendem Großalarm aus der Bahn herausliefen. Ein Soldat, ein Mann aus der Nachbarschaft, hatte sich gerade von seiner Freundin oder Frau verabschiedet und ging über die Straße. Er wollte wohl zurück zu seiner Einheit. Wir liefen in unseren Keller. Als wir nachher herauskamen, sahen wir die Leute auf der Straße liegen, die es nicht mehr bis in die Keller geschafft hatten. Frauen, splitternackt, denen die Kleider vom Leibe gerissen worden waren. Der Soldat war nur bis zur Ecke gekommen, bis zur nächsten Kreuzung. Dort, mitten auf der Kreuzung, war eine Bombe einen Meter tief in die Erde eingeschlagen und hatte ihm beide Beine abgerissen. Er lag da und stöhnte nur noch, als wir hinkamen. Wir - Bert Plücken, Peter Breuer und ich - waren 14, 15 und 16 Jahre alt. Wir holten die anderen aus dem Keller und sagten: »Hier liegt einer. Kümmert euch um ihn!«

Harald Frentzen
Bestattungsunternehmer,
Jahrgang 1930

Weil wir im September 1944 ausgebombt waren, bekam mein Mann Hans sofort Heimaturlaub. Mein Vater warnte mich: »Lass' ihn nicht kommen. Wer weiß, ob er später wieder heil bei seiner Truppe ankommt." Aber mein Schwiegervater hatte seinem Sohn schon ein Telegramm geschickt. Er kam also. Nach vier Tagen musste er wieder zurück. Es geschah so, wie mein Vater es vorhergesagt hatte: Auf dem Weg zu seiner Einheit ging er verloren. Ich erhielt einen Brief mit der Mitteilung, dass er nicht mehr bei seiner Truppe eingetroffen sei und seit dem 20. Oktober 1944 als vermisst gelte.

Während seiner Ausbildung bei den Gebirgsjägern in Lenggries an der Isar besuchte ich ihn zweimal für jeweils sechs Wochen. Im Grunde waren diese beiden Aufenthalte die einzige gemeinsame Zeit unserer Ehe. Im Januar 1938 hatten wir geheiratet und im selben Jahr wurde er schon eingezogen. Als 1939 der Zweite Weltkrieg ausbrach, sagte mein Mann: »Kinder gibt es, wenn ich wiederkomme. Ich will sehen, wie sie groß werden. Darüber würde ich mich freuen!« Er kam nicht mehr wieder.

Nach dem Krieg wandte ich mich an den Suchdienst des Roten Kreuzes in München und in Stuttgart. Ich erhielt ständig Absagen. Mein Mann sei nicht aufzufinden. Dabei ist es geblieben. Zuerst hatte ich noch Hoffnung. Nachher wickelte mein Schwiegervater die Formalitäten für die Todeserkärung mit der Lebensversicherung ab. Ich erhielt im Ganzen 30.000 Mark. Das brauchte ich auch für den Wiederaufbau meiner Gaststätte, meine Existenzgrundlage.

Lisbeth Maahsen
Gastwirtin, Jahrgang 1913

Auf der Wickrather Straße befand sich ein Bunker in einer Fabrikanlage. Einmal liefen wir mit drei Jungen über die Straße, als Splitterbomben fielen. Überall lagen Tote. Eine sehr dicke, zwei Meter hohe Mauer in der Nähe des Bunkers war umgekippt. Darunter stöhnte jemand. Meine Freunde und ich räumten schnell ein paar Steine weg. »Ich sehe Haare!«, rief ich. Einer meiner Freunde: »Ich hab' die Füße!« Mit unseren Händen schaufelten wir den verschütteten Mann – einen etwa 80-Jährigen – frei,

Lisbeth Maahsen um 1938/39 mit ihrem ersten Mann, den sie Ende September 1944 zum letzten Mal sah.

nahmen ihn am Arm und brachten ihn ins Stadtzentrum zur Hauptstraße nach Hause. Er hat überlebt. In seiner Brusttasche trug er noch eine Flasche Milch, die er zuvor beim Bauer geholt hatte.

Harald Frentzen
Bestattungsunternehmer,
Jahrgang 1930

In der Vorweihnachtszeit 1944, als schon ziemliches Drunter und Drüber herrschte und keiner mehr guckte, ob irgendwo etwas geklaut wurde, kletterten ein paar Jungen und ich in den Keller eines großen Tapetengeschäftes in Eicken, holten uns Holzleisten und alles, was sich dort an Sperrholz befand. Daraus bauten wir zum Beispiel eine Burg und kleine Rahmen,

auf die wir aus Sperrholz ausgesägte Pferdchen setzten. Mit diesen Holzarbeiten gingen wir Weihnachten 1944 zum Bahnhofsbunker. Die Mütter, die dort saßen und kein Spielzeug für ihre Kinder hatten, gaben gerne etwas in unsere Winterhilfswerk-Sammelbüchsen und erhielten als Gegenwert solch ein Pferdchen.
Josef Bahners
Maschinenschlosser, Jahrgang 1929

Unser Haus in der Düsseldorfer Straße wurde bei einem Bombenangriff von zwei Stabbrandbomben getroffen. Nach der Löscharbeit machte ich mich auf zu unserem Schuhgeschäft auf der Hauptstraße 126, lief zwischen brennenden Häuserzeilen die Straße hoch und stolperte über Berge von Häuserschutt. Einmal stürzte eine Hauswand direkt hinter mir zusammen. Vor lauter Staub konnte ich kaum atmen und es war unerträglich heiß. Unser Geschäftshaus war bis zum Erdge-

schoss ausgebrannt und ich werde nie vergessen, wie ich mit eigenen Augen unseren Firmenschriftzug im Schaufenster verbrennen sah.
Heinz Habrich
Lehrer, Jahrgang 1926

1944 waren schon viele Leute aus der Stadt raus. Auch wir wohnten nicht mehr in unserem Haus an der Wickrather Straße, sondern fünf Kilometer weiter in Odenkirchen-Sasserath auf dem Lande, im Haus meines Onkels. Er war früher Polizist gewesen und als solcher zur SS eingezogen worden, hatte seine eigene Familie in Magdeburg untergebracht. Auf der Wickrather Straße wohnte später gar keiner mehr, auch in der Querstraße weiter unten, der jetzigen Berliner Straße, war alles bombardiert und zerstört.

Nach den Bombenangriffen gegen Ende des Krieges kümmerte sich zunächst niemand um die Toten, die auf den Straßen lagen. Es war total chaotisch. Die Feuerwehr konnte nicht mehr fahren, weil die Straßen blockiert waren. Wir hatten nur im Kopf, die Leute, die noch lebten, zu retten, aus den Kellern herauszuholen. Täglich wurden Zivilisten getötet. Wir fragten uns immer: »Wieso töten die uns, Kinder, Frauen und alte Leute?«
Harald Frentzen
Bestattungsunternehmer,
Jahrgang 1930

Während des Kriegs sah ich Menschen, die von Phosphorbomben getroffen worden waren. Sie verbrannten bei lebendigem Leibe, mit ungeheuren Schmerzen. Ich sah sie tot auf der Straße liegen.
Rolf Mühlen
Textil-Ingenieur, Jahrgang 1930

Bei Kriegsende betreuten wir noch ein wenig die zurückkehrenden Soldaten, die keine Munition mehr hatten. Im ländlichen Sasserath, wo wir überlebten, hatte man noch einmal die Artillerie aufgebaut. Aber dann kamen schon die Jabos, die Jagdbomber, und schossen alles zusammen. Das Blut der Pferde war bei uns vor der Tür verspritzt. Mein Großvater, der im Ersten Weltkrieg Koch gewesen war, holte sich das beste Fleisch der getöteten Pferde und machte Rauchfleisch daraus. Wir lebten ein, zwei Jahre nur von diesem Rauchfleisch, ein paar Eimern Kraut aus der Sasserather Krautfabrik und dem Kommissbrot, das die Soldaten zurückgelassen hatten.

Mit meiner Mutter fuhren wir über die Dörfer und versuchten, Verwandte zu finden, die Landwirtschaft betrieben. Ich ging dabei von Rheydt aus 15 Kilometer bis nach Arsbeck zu Fuß über die Felder. Dann haben wir »gesümert« – so heißt das hier: Die Bauern machten die Kartoffeln aus und wir schauten, ob wir nicht noch welche unter der Erde finden konnten. Hier und da gelang es. Wurde ein Sack voll, liefen wir die 15 Kilometer quer über die Felder wieder zurück.

Harald Frentzen
Bestattungsunternehmer,
Jahrgang 1930

An dem Sonntag vor dem 1. März 1945, als die Amerikaner hier in Mönchengladbach einmarschierten, fand in Rheindahlen der große Angriff statt, bei dem es über 300 Tote gab. Den Lärm hörten wir bis in Büttgen, wo ich mich damals gerade aufhielt. Wir waren geschockt und gleichzeitig hoffte ich, dass diese Bomben nicht auf Gladbach fielen. Ich sorgte mich um meine Eltern. Als dann die Amerikaner hier waren, hatten wir nur noch von 8 bis 12 Uhr vormittags Ausgang. Ich wollte herausfinden, wie es meinen Eltern ergangen war. Telefonieren konnte man nicht. So radelte ich eines Morgens um punkt acht Uhr los. Als ich in Korschenbroich eintraf, kamen sofort ein paar Neger auf mich zu, die ersten Farbigen, die ich jemals gesehen hatte. »Jetzt ist die Fahrerei bestimmt vorbei. Wie weit muss ich wohl jetzt zu Fuß gehen!«, dachte ich. Und was taten sie? Sie nahmen mir die Klingel vom Fahrrad ab. Dann ließen sie mich weiterfahren. Meine Mutter war sprachlos, als ich zu Hause an der Hehner Straße ankam und alles erzählte. Wir sind uns um den Hals gefallen.

Lisbeth Maahsen
Gastwirtin, Jahrgang 1913

Zwei Abende vor dem 1. März, dem Kriegsende in Mönchengladbach, wur-de unsere Hitlerjungengruppe im Wehrertüchtigungslager Hardt in Panzeruniformen eingekleidet. Wir bekamen einen Karabiner und 30 Schuss Munition. Ich hatte eine Einberufung für den Abend des 28. Februar in der Tasche und sollte mich im »Haus Ohlenforst« in Neuwerk einfinden. Ich war aber auf Grund meiner Einsätze in den letzten Monaten in einer derart schlechten körperlichen Verfassung, dass ich dem Einsatzbefehl nicht folgen konnte. Obwohl ich die Einberufung hatte, ging ich also am Abend des 28. Februar nicht zum Treffpunkt »Haus Ohlenforst«, von wo aus der nächste Einsatz unserer Gruppe startete.

Am nächsten Tag wollten mein Kumpel und ich mit den Fahrrädern unserer Gruppe hinterherfahren. Aber am Morgen dieses 1. März 1945 war schönes Wetter und die Amerikaner

Hitlerjungen etwa 1944. Der Zweite von links in der oberen Reihe ist Josef Bahners.

flogen über der Eickener Straße mit ihren Jagdbombern hin und her. Es war einfach nicht möglich, noch auf die Straße zu gehen.

Gegen Mittag wurde es auf einmal ganz ruhig. Man hörte keinen Flieger mehr. Schlimm war, dass man einfach nicht wusste, wo die Amerikaner standen. Schon an der nächsten Ecke? Wir gingen noch einmal zum Bahnhofsbunker, weil ich mich von meiner Mutter und meinen drei Schwestern verabschieden wollte. Wer weiß, wann wir uns wiedersehen würden. Zu dieser Zeit muss der Amerikaner am Bismarckplatz eingetroffen sein. An den Stahltüren des Bahnhofsbunkers hing schon die weiße Fahne. Die verängstigten Menschen im Bunker waren natürlich nicht erfreut, dass wir jetzt noch uniformiert hier hereinkamen. Wir nahmen Rücksicht auf die Leute und machten es kurz.

Wieder zu Hause in der Eickener Straße 107 nahmen wir die Fahrräder und fuhren über die Thüringer und die Bozener Straße in Richtung Hindenburgstraße, E-Werk und weiter in Richtung Düsseldorf die Kre-

felder Straße herunter. Soweit ich zurückschauen konnte, möchte ich sagen, dass in Höhe Neuwerk niemand mehr hinter uns aus der Stadt herauskam. Die Straße war menschenleer. Alle suchten vor den heranrückenden Amis Schutz in den Kellern. Man hörte wohl noch das Brummen der Artillerie. Nun wollten wir an der Trabrennbahn rechts ab in Richtung Neuss/Düsseldorf. Dort gab es eine Gärtnerei, in der deutsche Polizei – der Wehrmacht angeschlossen – stationiert war. Die Männer riefen uns zu: »Ihr kommt da nicht weiter. Der Ami hat schon Schiefbahn und Willich umzingelt!« Man riet uns, über Neersen zu gehen, wo von Viersen kommend noch eine Division zurückgeführt werden sollte, um am Rhein eine neue Frontlinie aufzubauen. Diesem Rat folgten wir und fuhren auf die Hauptstraße in Richtung Neersen. Am Ortseingang von Neersen standen auf der rechten Seite die so genannten Kettenhunde, die deutsche Wehrmachtspolizei. In den Bäumen hing ein deutscher Landser, den man wegen Fahnenflucht aufgehängt hatte. Ich vergesse es nie! Sie hielten uns natürlich an. Zum Glück hatten wir mit dem Einberufungsbefehl für den Abend vorher vorschriftsmäßige Papiere. Ohne weiteres ließ man uns durch. An der Kreuzung Viersen – Willich trafen wir auf eine Kolonne verschiedener Fahrzeuge, der wir uns anschlossen. Jetzt setzte useliges Wetter mit Schneefall und Hagel ein. Wir mussten möglichst schnell weg. Mein Kumpel und ich hängten uns hinten an ein Geschützrohr. Wir waren froh, uns festhalten zu können. Über Schiefbahn und Meerbusch konnten wir die von den Amerikanern schon eroberten Ortschaften umfahren, um

in Oberkassel über die noch intakte Rheinbrücke zu kommen. Als wir am Abend in Hilden bei Düsseldorf ankamen, fragte man uns: »Mein Gott, wo kommt ihr denn her?« – »Aus Gladbach.« – »Ist Gladbach denn gefallen?« – »Ja, Gladbach ist gefallen!«
Josef Bahners
Maschinenschlosser, Jahrgang 1929

Am 28. Februar 1945 saßen meine Mutter und ich – Vater war als Soldat in Frankreich – wieder einmal im Luftschutzkeller. Es herrschte aber eine besondere Aufregung an diesem Tag. Man hörte, die Amerikaner hätten

Rheindahlen eingenommen und es sei nur noch eine Frage von Stunden, bis sie über Holt auch zur Bahnstraße im Stadtteil Speick gelangen würden, wo ich damals mit meiner Mutter wohnte. Wir warteten. Ab und zu spähte einer der Hausbewohner nach draußen, um zu sehen, ob sich etwas auf der Straße getan hatte. Nichts. Dann, kurz nach Mittag, klopfte ein Nachbar an die Tür und rief aufgeregt nach meiner Mutter: »Sie haben doch eine Schwester in Holt. Sie soll draußen vor ihrer Haustür liegen, von einem Artilleriegeschoss am Hals tödlich verletzt.« Natürlich wollte meine Mut-

Bei den Kämpfen um Rheindahlen in Gefangenschaft geratene deutsche Wehrmachtsangehörige wurden am 27. Februar 1945 von amerikanischen Truppen in den Ort gebracht. Quelle: Stadtarchiv MG 10/42490

ter sofort aufbrechen. Ich hatte mit meinen 14 Jahren furchtbare Angst, jetzt nach Holt zu gehen, da man stündlich mit dem Eintreffen der Amerikaner rechnen musste. Die Hausbewohner versuchten, meine Mutter von ihrem Vorhaben abzubringen. Ohne Erfolg. Sie machte sich auf nach Holt und ich ging mit ihr. Wir überquerten die Brücke an der Bahnstraße und gingen bis zur Aachener Straße. Unterwegs begegneten wir keinem Menschen. Neben dem Haus Nr. 512, in dem meine Tante wohnte, gab es eine Toreinfahrt. Sie stand noch offen. Auf dem Boden vor uns lagen drei tote Frauen: die alte Hauseigentümerin, ihre Tochter und meine Tante, 35 Jahre alt und mit ihrem ersten Kind im siebten Monat schwanger. Ein entsetzlicher Anblick! Neben ihnen stand ein Fluchtwagen, voll gepackt mit allen möglichen Dingen, beschädigt und nicht mehr fahrbereit. Die Hausbewohner hatten sich wohl vor dem Artilleriefeuer in Sicherheit bringen wollen und Hals über Kopf einen Fluchtwagen beladen. Da schlug eine Granate ein und tötete die drei Frauen, zwei weitere Personen wurden schwer verletzt, wie wir später erfuhren. Meine Tante lag in der Toreinfahrt, bekleidet mit einem schwarzen Seidenkittel und einer Berchtesgardener Jacke, wie sie damals modern war. Der Schock für uns war so groß, dass weder meine Mutter noch ich eine Träne weinen konnten. Natürlich mussten wir sofort zurück nach Hause. Auf dem Weg zur Bahnstraße trafen wir wieder niemanden auf der Straße an. Die Brücke an der Bahnstraße existierte jetzt nicht mehr. Sie war gesprengt worden, wahrscheinlich, um die Amerikaner aufzuhalten. Ich war sehr erschrocken, aber

gleichzeitig auch erstaunt: Es sah aus, als läge eine große viereckige Platte Asphalt auf dem Bahndamm. Wir hatten überhaupt keinen Knall gehört. Meine Mutter und ich rutschten den Bahndamm herunter und krochen auf der anderen Seite wieder hoch. Als wir dann den Bahndamm überblicken konnten, bot sich uns ein Bild, wie man es aus der Wochenschau kannte: Kein einziger Zivilist war zu sehen. Die Amerikaner waren auf der Bahnstraße angekommen, wahrscheinlich über die Kabelstraße. Sie gingen einzeln hintereinander und hielten ihre Maschinengewehre mit den Öffnungen in die Kellerlöcher. Großen Eindruck machte auf mich ein deutscher Offizier, den ich damals sehr bedauerte: Er musste vorneweg als Erster gehen und beide Hände hoch halten, zum Zeichen, dass er sich ergeben hatte. Die Amerikaner und er waren erstaunt, uns beide zu sehen. Wir deuteten auf unser Wohnhaus und sagten mehrmals hintereinander: »Da wohnen wir! Da wohnen wir!« Man ließ uns gehen. Mit starkem Herzklopfen erreichten wir unser Zuhause und begaben uns umgehend in den Luftschutzkeller – man wusste ja nicht, wie es nun weitergehen würde.

Am nächsten Tag machten wir uns wieder auf zu meiner toten Tante, die noch in der Toreinfahrt lag. Wir wollten sie beerdigen lassen und suchten einen Schreiner in Holt auf, der auch Bestattungen vornahm. Es gab nur Klappsärge: Über dem Grab öffnete sich der Boden, der Sarg wurde leer wieder nach oben gezogen und konnte wieder verwendet werden. Meine Mutter bot der Meistersfrau ein Paar neue schwarze Damenschuhe gratis an, wenn sie uns einen richtigen Sarg für meine Tante verkaufen würde. Das

Geschäft kam zu Stande. Wir gingen nochmals zur Unglücksstelle zurück, um uns von der Toten zu verabschieden. Inzwischen hatten dort schreckliche Menschen gehaust: Wäsche, Kleider und andere Gegenstände vom Fluchtwagen waren überall verstreut. Aber das Schlimmste sahen wir erst auf den zweiten Blick: Jemand hatte der jungen Frau, die neben meiner Tante lag, den Ringfinger abgeschnitten, um sich in den Besitz des Eheringes zu bringen.

Die Beerdigung auf dem Holter Friedhof hatte während der Ausgangsstunden stattzufinden, in denen man sich mit Erlaubnis der Amerikaner draußen aufhalten durfte. Mit Pferd und Wagen waren die Särge zum Friedhof gebracht worden, wo sie wie Frachtgut nebeneinander standen. Ich glaube, es waren insgesamt acht. Als nun der Sarg mit unserer Verwandten in die Erde gelassen werden sollte, war das ausgehobene Grab zu klein, der Sarg passte nicht hinein. Die Totengräber waren nur auf die kürzeren Klappsärge eingestellt. Der Sarg wurde also wieder hochgezogen und die Grube größer gemacht. Natürlich geschah alles unter Zeitdruck. Beim nächsten Versuch passte er immer noch nicht. Nun stellten sich die Totengräber auf den Sarg und traten und sprangen so lange darauf herum, bis er endlich herunter rutschte. Das war dann der traurige Abschluss. Meine Mutter und ich waren die einzigen Trauergäste am Grab meiner Tante. Deprimiert gingen wir nach Hause.
Käthe Ebus
Korrespondentin, Jahrgang 1930

Als wir hörten, dass die Front nur noch zirka fünf, sechs Kilometer vor

Der Wehrpass von Josef Bahners wurde am 13. April 1945 in Iserlohn ausgestellt.

uns war, sind wir den Amerikanern mit dem Fahrrad entgegengefahren, um vor ihrem Eintreffen noch etwas Essbares aufzutreiben. Tiere aus den bäuerlichen Betrieben, Hühner, Kühe, alles lief durcheinander. Die Bauern waren geflüchtet und niemand kümmerte sich darum. Da sahen wir, dass das amerikanische Militär uns schon entgegenkam und sind schnell zurückgefahren. Wir wollten nicht riskieren, in Gefangenschaft zu geraten. An ein Huhn sind wir unterwegs nicht herangekommen.
Harald Frentzen
Bestattungsunternehmer, Jahrgang 1930

Vater hatte 1938 als erstes fabrikneues Auto einen Opel P4 gekauft, mit dem wir manchen Sonntagsausflug in die Eifel unternahmen. 1940 war das Auto stillgelegt worden, später

auf Anforderung der evangelischen Gemeinde für Aufgaben im Umland der Stadt zur Verfügung gestellt. Als auch die Kirchengemeinde keine Benzinzuteilung mehr erhielt, kam der Wagen zu uns zurück. Aus der Garage wurde er beim Einmarsch der Alliierten im März 1945 beschlagnahmt und verschwand auf Nimmerwiedersehen.
Heinz Habrich
Lehrer, Jahrgang 1926

Meine Mutter sagte in den Wochen vor dem Zusammenbruch zu mir: »Hör' mal, Josef, man munkelt, wir verlieren den Krieg!« Ich anwortete: »Mutter, den dürfen wir nicht verlieren. War denn alles vergebens?« Doch die Einsicht in den Wahnsinn des Krieges wurde ja verdrängt.

Noch am 13. April 1945 wurde ich in Iserlohn gemustert. Da machte man kein Foto mehr für den Wehrpass. Es herrschte nur noch Chaos.
Josef Bahners
Maschinenschlosser, Jahrgang 1929

Meine Klassenkameraden und ich – alle Jahrgang 1928 – waren Luftwaffenhelfer. Als solcher geriet ich 1945 in Hohenlimburg in Kriegsgefangenschaft. Im April wurden wir vom Gefangenenlager Andernach in das Lager Remagen getrieben und kamen im Juli 1945 nach langer Fahrt mit 60 Soldaten auf einem Lastwagen zusammengepfercht, ohne Wasser und Verpflegung, als Halbverhungerte ins Kriegsgefangenenlager Wickrathberg. Es zählte zu den Rheinwiesenlagern, die 1945 unter amerikanischer Besatzung gebaut und betrieben wurden. Das Kriegsgefangenenlager Wickrathberg hat man sich als eine riesige Fläche von

flachen Feldern vorzustellen. Darauf gab es die »Cages«: mit Maschendraht abgezäunte, mannshohe Käfige. Jeder Ankommende war total erschöpft. Selbst als junger Mensch konnte man einfach nicht mehr: Man fiel um und schlief auf dem Boden ein. Sitzgelegenheiten, Zelte oder andere Unterstellmöglichkeiten gab es nicht. Man war Tag und Nacht den Launen der Natur ausgesetzt, ob Hitze oder Kälte. Wir wurden einem Käfig zugeteilt und dann uns selbst überlassen. Um uns notdürftig zu schützen, machten wir uns Löffel und gruben Löcher in die Erde oder wir legten uns in schon vorhandene Erdlöcher. Wir hatten keine Decken, die meisten nicht mal einen Mantel. Zum Schlafen legte man sich möglichst eng aneinander. Es gab eine imaginäre Linie, die man nicht überschreiten durfte. An ihrem Anfang und am Ende standen Leute mit einem Maschinengewehr. Keiner ging über diese Linie, sonst wurde geschossen.

Ich war 17 Jahre alt und wog zu diesem Zeitpunkt 44 Kilo, vor der Gefangennahme 78! Wir waren ausgehun- gert bis zum Wahnsinn und träumten nur davon, etwas zu essen zu bekommen. Ich entdeckte ein paar Tonnen mit Wasser. In meiner Tasche fand sich noch etwas Schweineschmalz, mit dem ich mir eine Bouillon machen wollte. Ich nahm meine Schuhputzdose. Wozu hier noch Schuhe putzen? Ist doch Wahnsinn, dachte ich, als ich dieses Elend sah. Weg mit der Schuhcreme! In die leere Dose tat ich einen Schuhriemen als Docht. Er brannte auch. Dann nahm ich mein Kochgeschirr – ohne Kochgeschirr war man tot –, tat etwas Schmalz hinein und füllte Wasser aus diesen Tonnen dazu. Es wurde nicht warm, aber ich

Das Kriegsgefangenenlager Wickrathberg etwa im Juni/Juli 1945. Man sieht die Lazarettzelte bzw. Zelte der Lagerverwaltung. Im Hintergrund erkennt man die Kirche von Wickrathberg. Quelle: Stadtarchiv MG 10/31435

trank es, bevor wir wieder weggetrieben wurden: »Go on, go on!« Wie ich später sah, handelte es sich um abgestandenes Wasser, in dem Ungeziefer schwamm. Die Folge war klar: Ich bekam sofort die Ruhr. Einmal hörte ich, wie ein Sanitäter zum anderen sagte: »Guck' dir den jungen Burschen an. Der geht auch noch kaputt!« Da nahm ich mir vor: Du gehst nicht vor die Hunde! Obschon wir immer die Angst hatten: »Die Amis machen uns fertig!« Wir waren fest davon überzeugt, dass sie uns nicht mehr herauslassen, dass wir hier verhungern würden. Man sah ja auch, dass Leute abtransportiert wurden und es hieß, jeden Tag gebe es 150 Tote.

Das Schlimmste, was ich jemals erlebte, waren die Latrinen in den Kriegsgefangenenlagern. Das gilt für Wickrathberg wie für Remagen und für Andernach. Niemand kann sich das vorstellen! In Wickrathberg gab es Latrinengräben, über die man sich stellte. Wer an der Ruhr erkrankt war,

musste festgehalten werden. Sonst fiel er hinein. Manch einer ist hineingefallen. Der liegt heute noch da drin. Den Anblick solcher Unglücklichen kann man sich in seiner Grauenhaftigkeit gar nicht vorstellen. Sie sahen genauso aus, wie die Menschen auf den Bildern aus den KZ.

Jegliches Zeitgefühl war uns völlig abhanden gekommen, die Uhren hatte man uns längst abgenommen. So wussten wir nicht genau, welcher Tag es war, als es etwa zwei Wochen nach unserer Ankunft für meinen Kameraden Bruno und mich hieß: »Sie können gehen!« Wir wollten es zuerst nicht glauben, obwohl es sich herumgesprochen hatte, dass Wickrathberg ein Entlassungslager war. Auch hatte sich das Klima unter der englischen Führung spürbar verbessert. Wahnsinn! Dann gingen wir los. Auf dem Weg von Goerdshof nach Mongshof gab es auf der rechten Seite einige kleine, flache Häuser. Dort standen Leute. Sie gaben uns Wasser. Wasser – herrlich! Es

Diese Broschüre erschien beim J.C.C. Bruns' Verlag, Minden. Quelle: Stadtarchiv MG 10/31424.

sein Gefährt. Bald waren wir am Bahnhof in Mönchengladbach. Von hier aus nahm uns wieder ein Lastwagenfahrer mit nach Krefeld. Überall wurde uns von wohlwollenden Menschen rührend geholfen. Welch ein Gefühl! Vom Krefelder Hauptbahnhof nahm mich ein Pferdefuhrwerk mit nach Fischeln zu den Eltern meiner Mutter, wo ich nach dem Krieg und der Zerstörung unseres Hauses blieb. Mutter war inzwischen verstorben, Vater noch in Kriegsgefangenschaft.
Johannes Riskes
Kaufmann u. Lehrer, Jahrgang 1928

war in dieser schweren Zeit die erste Zuwendung durch Zivilisten, durch Frauen, die uns an unsere Mütter denken ließen. Dieser erste Kontakt zu Leuten, die einem etwas Gutes tun wollten, war absolut erschütternd. Als wir auf der Odenkirchener Straße Richtung Rheydt entlanggingen, holte uns eine junge Frau ins Haus, die sicher auf ihren Mann wartete. Mensch, endlich mal wieder auf einem Stuhl sitzen, in einem richtigen Haus! Sie hatte für entlassene Soldaten, die auf dem Weg aus dem Lager an ihrem Haus vorbeikamen, eine Art Rindfleischsuppe vorbereitet. Geröstete Brotwürfel ersetzten das Fleisch – unbeschreiblich lecker! Das schmeckte! Jetzt sind wir wieder in der Zivilisation, sagten wir uns.

Bruno und ich schleppten uns die Odenkirchener Straße in Richtung Mönchengladbach hinunter. Ein Gemüsehändler in einem Goliath-3-Radwagen hielt an und half uns auf

5. Neubeginn: Heimkehrer, Amerikaner

und Schmuggelware

Viele Mönchengladbacher sehnten sich im Sommer 1945 danach, heimzukommen, aber die Rückkehr tat auch weh. Die Innenstadt von Gladbach war zu 60 Prozent, die von Rheydt zu 90 Prozent zerstört. Das Elend der Menschen, die vor den Trümmerhaufen ihrer Existenz standen, das ungeheure Chaos bei Kriegsende und den kompletten Verlust von persönlicher, sozialer und beruflicher Perspektive beschreiben die folgenden Erinnerungen. Dazu kam die Angst vor der Besatzungsmacht. Es mag die Jüngeren erstaunen, mit welchem ungeheuren Aufbauwillen die Kriegsgeneration auch in unserer Stadt nun ans Werk ging: Die Menschen lebten auf engstem Raum, organisierten unter großen Mühen die Ernährung und die Versorgung mit Heizmaterial in den strengen Wintern 1946 und 1947. Als ob dies nur noch mehr anspornte, unternahmen in den 50er- und 60er-Jahren einige unentwegte Zeitgenossen enorme Anstrengungen, um neben der täglichen Arbeit eine Schul- oder Berufsausbildung nachzuholen und Lücken zu schließen, die der Zweite Weltkrieg in ihr Leben gerissen hatte. Die Lichtblicke dieser Zeit waren Care-Pakete, die Währungsreform und der Hausbau. Skurril wirken heute Aufrufe wie »Seid sparsam mit Eurem Zigarettenvorrat!«

Diesen Brief verschickte C.F. Dülkens am 23. Mai 1947 aus Montclair in New Jersey/USA. Die Aufschrift links besagt, dass er vom Prüfer der britischen Zensur Deutschlands geöffnet wurde.

Als ich Anfang Juni 1945 aus Russland zurückkam, fand ich meine Familie in Großalmerode/Hessen wieder. Ein Obst- und Gemüsegroßhändler, der mit seinem Lkw und Anhänger nach Rheydt unterwegs war, nahm uns um den 11. Juli herum mit. Ich hatte eine Durchschussverletzung am Bein. Meine Frau Annemarie und ich saßen mit der kleinen Gisela und Säugling Renate zwei Tage hinten auf dem Anhänger. Renate war erst am 4. Juni zur Welt gekommen. Über Köln kamen wir nach Rheydt. Der furchtbare Zustand Kölns ließ uns Schlimmes ahnen. Wie wird es in Rheydt aussehen?, fragten wir uns bang. Steht das Haus mit der Wohnung meiner Eltern auf der Herzogstraße noch? Es stand noch. Auch die Möbel waren noch vorhanden, der Keller allerdings geplündert: Es waren keine Kohlen mehr da und die Einweckgläser leer. Zuerst reparierte ich das Schloss an der Wohnungstür, damit man sie wenigstens wieder abschließen konnte. Morgens früh um halb fünf, spätestens um fünf, ging ich mit einem Handwagen durch die Trümmer und sammelte Holz zum Heizen. Wir hatten einen Kohlenherd, wie es damals üblich war. Mit meiner Durchschussverletzung am Bein hätte ich eigentlich ins Rheydter Stadthallenlazarett gemusst. Aber da wäre ich hinter Stacheldraht gewesen. Ich wollte bei meiner Familie bleiben. Um den 13. Juli meldeten wir uns wieder in Rheydt an.

Durch meine Lehrzeit in der Baumwollspinnerei, wo ich vor dem Krieg Maschinen gewartet und installiert hatte, konnte ich auf einige Erfahrung im Bereich Elektro zurückgreifen. 1945 wollte ich daran anknüpfen und besorgte mir bei der Handelskammer Unterlagen für die Gesellenprüfung zum Elektrofacharbeiter. An einem Dienstag erfuhr ich, dass die mündliche Prüfung schon für den folgenden Freitagmorgen angesetzt worden war – ich saß in der Klemme. Von einem ehemaligen Kollegen bekam ich ein kleines Lehrheftchen und »Friedrich's Tabellenbuch«. Am selben Tag fing ich an zu pauken bis ungefähr Mitternacht. Ab Mittwochmorgen um sechs machte ich weiter bis Donnerstag Nacht. Freitagmorgens ging ich in die Prüfung. »Wollen Sie denn noch mit den Jungen die Schulbank drücken?«, fragte man mich. Ich war ja inzwischen fast 30 Jahre alt. »Ist mir egal«, sagte ich und ging in die schriftliche und mündliche Prüfung zum Elektrofacharbeiter. Ich hatte alles frisch im Kopf und bestand mit der Note eins. Direktor Schmidt, gleichzeitig Direktor bei Mannesmann Meer, ließ mich die praktische Prüfung bei Mannesmann an der Karmannstraße machen, wo ich ab März/April 1946 arbeiten durfte. Dort wurden damals schnelllaufende Dampfmaschinen und Kompressoren gebaut. Ich war heilfroh, dass ich Arbeit hatte. Mit aus den Trümmern zusammengeklaubtem Material installierte ich das Leitungsnetz sowie die Werkzeugmaschinen neu und machte sie betriebsbereit, bis Installationsmaterial wieder käuflich zu erwerben war.

Am 21. Juni 1948, dem Tag der Währungsreform, kam eine Benachrichtigung von der Handwerkskammer: Es gäbe neuerdings einen Meisterkurs für Elektrotechniker. Dauer: zwei Jahre. Es waren sechs Lehrgänge zu absolvieren, jeweils zweimal wöchentlich am Abend. »Wenn Sie teilnehmen möchten, schicken Sie bitte 40 Mark ein.« Das waren die 40 Mark, die jeder am Tag

Helmut Vits' Familie um 1950. Von links sieht man Tochter Renate, Ehefrau Annemarie, Baby Kurt und Tochter Gisela.

der Währungsreform erhielt. Meine 40 Mark verwendete ich dafür. 1950 war der Kursus fast beendet und ich meldete mich gleich zur Meisterprüfung. Man bedenke, teilweise arbeitete ich zwölf Stunden bei Mannesmann Meer im Betrieb, dann zweimal die Woche abends der Kurs, danach noch die Schularbeiten – das Ganze über zwei Jahre. Zu Hause gab es immerhin zwei Kinder, das dritte kam im Mai 1950 zur Welt. Meine Frau brachte mir jeden Mittag mit dem Fahrrad das Essen, den kleinen Kurt vorne im Körbchen. Im September 1950 erhielten wir von Mannesmann eine Wohnung in der Landgrafenstraße und zogen von Rheydt nach Gladbach um. Unsere Wohnung, in der wir mit fünf Personen lebten, war nur 48 Quadratmeter groß. Aber wir hatten ein Badezimmer, einen großen Keller, einen Kohlenkeller und eine Waschküche. Am 7. Dezember, meinem 35.

Geburtstag, saß ich in Düsseldorf bei der theoretischen Meisterprüfung – und bestand sie.
Helmut Vits
Elektrotechniker, Jahrgang 1915

Im Juli 1945 fuhr ich als Frühheimkehrer mit dem Zug in Richtung Heimat. Im Duchgangslager Weeze, wo es keinerlei Aussicht gab, sich irgendwo hinzusetzen, stellte ich mich mit einem jungen Soldaten, Gefreiter wie ich, Rücken an Rücken auf. Später drehten wir uns zueinander, legten uns gegenseitig die Arme auf die Schultern und stützten uns Kopf an Kopf stehend. So »schliefen« wir. Am nächsten Tag ging es nach Krefeld. Von da aus erreichte ich über Viersen und Gladbach eines Nachmittags den Bahnhof Rheydt-Geneicken. Es war heiß und ich konnte meine Füße kaum noch voreinander setzen. Ich ging über die schattige Seite der Düsseldorfer Straße, viele Leute schüttelten mir die Hand, fragten, woher ich komme. Fremde und Bekannte grüßten mich freundlich. Dann endlich stand ich vor dem Haus Nr. 33. Es war der 15. August 1945. Ich war zu Hause, bei Mutter, in Freiheit. Wen wundert's, dass die Tränen strömten? Man kann das nicht beschreiben. In unsere Freude über das Wiedersehen mischten sich auch die Trauer über Vaters Tod und Ratlosigkeit. Vom ersten Augenblick an spürte ich einen ungeheuren Erwartungsdruck auf mich gerichtet. Ich war gerade erst zurückgekehrt, mit der neuen Situation selbst noch nicht fertig und sollte nun entscheiden, wie es in meiner Familie weitergehen würde. Man muss sich vor Augen halten, dass ich gerade erst 19 Jahre alt war!

Obwohl ich über keinerlei Qualifikationen verfügte, das von Vater betriebene Schuhfachgeschäft auf der Rheydter Hauptstraße weiterzuführen, beantragte ich noch Ende August bei der Alliierten Behörde eine Genehmigung, die schon im September ohne Rückfrage erteilt wurde. Dabei war ich noch gar nicht volljährig und nicht berechtigt, Rechtsgeschäfte abzuschließen.
Heinz Habrich
Lehrer, Jahrgang 1926

Im Herbst 1945 konnte ich wieder als Maschinenschlosser-Lehrling im zweiten Jahr bei Schlafhorst weitermachen. Ich war 16 Jahre alt. Von dem ehemaligen Personal waren nur noch wenige im Betrieb. Außer mir fanden sich etwa vier weitere Lehrlinge ein – gegenüber insgesamt 80 Lehrlingen und Anlernlingen, die es vor 1939 hier gegeben hatte. Wir waren froh, wieder untergekommen

zu sein und Arbeit zu haben. Gegen Ende des Krieges hatte man bei Schlafhorst begonnen, einen Bunker zu bauen. Das riesige Erdloch war bereits ausgehoben, dann aber nicht weiter gearbeitet worden. Die amerikanischen Besatzer ließen nun alle Maschinen aus dem Betrieb, die nicht dem Brand zum Opfer gefallen und noch einigermaßen erhalten waren, an einen Kranwagen hängen, fuhren bis zum Bunkerloch und warfen alles hinein. Dann schütteten sie den Sand, der ausgehoben worden war, wieder auf und fuhren mit ihrem schweren Gerät darüber. Als die Amerikaner abgezogen waren, buddelte man wieder alles aus. Ein älterer Kollege umwickelte die Maschinen im Erdloch mit Seilen. Unsere erste Arbeit bestand darin, die »Katze« des Kranseils, wo der Haken eingehängt wird, immer wieder an diesen Seilen zu befestigen, damit die Geräte heraufgezogen und mit einem Anhänger ins Trockene gebracht werden konnten. Später habe ich die Maschinen reinigen müssen.
Josef Bahners
Maschinenschlosser, Jahrgang 1929

Als der Krieg zu Ende war, war mein Hauptgedanke zunächst: »Die NSDAP ist weg!« Man war frei. Ich will nur nach Hause, dachte ich. Im Mai 1945 kam ich ganz auf mich gestellt zu Fuß aus der Tschechei nach Mönchengladbach zurück. Als ich hier eintraf, sah ich, dass alles kaputt war. Zwar hatte ich auf dem langen Weg viele zerstörte Städte gesehen und konnte mir vorstellen, wie es in Mönchengladbach aussehen würde. Aber wenn man dann eine Stadt betritt, an der man hängt ... Ich kehrte also mit 18 Jahren als Soldat hierhin zurück, hatte

Die Lindenstraße mit Blick auf den Wasserturm, um 1945.

Eine Trümmerlandschaft 1945 irgendwo im Gladbacher Stadtgebiet.

natürlich keinen Beruf erlernt, keinen Abschluss gemacht, kein Geld. Was sollte ich tun? Meine Eltern waren auf der Rheydter Straße ausgebombt und bei wildfremden Leuten in Neuwerk eingewiesen worden. Sie hatten ein Zimmer und teilten sich die Küche mit den Besitzern. Später erhielten meine Eltern eine ganz kleine Wohnung auf der Viersener Straße, wo wir zu dritt lebten: ein Zimmer mit einer kleinen Küche, das Ganze aber auch wieder innerhalb einer Wohnung mit anderen Menschen. In dieser Zeit kehrte auch noch ein Sohn der Gastfamilie aus dem Krieg zurück.

Man dachte nach Kriegsende nicht darüber nach, was gewesen war. Das interessierte nicht. Man war nur froh, dass das aufhörte. Es interessierte nur die Frage: Wie geht es weiter? Wir hatten ja nichts mehr – kein Haus, kein Geld. Was sollte man jetzt tun? Man war sehr mit sich selbst beschäftigt.
Alfred Liermann
Prokurist, Jahrgang 1926

1945 kam ich nach Mönchengladbach zurück. Auf der Viersener Straße wurde ich von Amerikanern vernommen, dreimal. Ich erhielt die Nazi-Mitläufer-Karte. Mein letzter Dienstgrad während des Kriegs war Hauptwacht-

meister mit einem Gehalt von 650 Mark. Ich hatte viel Geld gespart und auf einem Konto bei einer Thüringer Bank angelegt, weil meine Frau dort untergebracht war. Als die Russen 1945 einmarschierten, war das ganze angesparte Geld verloren – auch das meiner Frau. Ich war bettelarm, als ich in Gladbach ankam, besaß einen Anzug und eine Uniform. Meine Frau und ich schliefen in unserer Wohnung vier Wochen lang auf der Erde auf alten Matratzen. Dann erhielt ich Arbeit und kam zu den Engländern in die ehemalige Polizeikaserne an der Theodor-Heuss- / Ecke Webschulstraße. Dort gab es außer mir noch etwa 200 andere Deutsche. Ich musste einen Fragebogen ausfüllen und angeben, was ich 1932 als 20-Jähriger gewählt hatte. Da war ich unter all diesen Männern der einzige, der zugab, NSDAP gewählt zu haben.

Einmal kamen mir zwei Engländer lachend entgegen: »Hello Bill, you Nazi?« Ich sagte »Yes, Sir!« Ich sagte immer gleich »Sir«. »OK« meinten sie und holten Zigaretten heraus. Kein Engländer tat mir irgendetwas. Zuerst hatte ich die Räume zu kehren. Es gab Schlosser, einen Schmied und Werkstätten, die ich sauber machte. Nachher wurde ich »Store«-Mann, das heißt, ich

gab Ersatzteile und Werkzeuge aus. Zum Beispiel für Autos, die zu reparieren waren.
Willi Grote
Handelsvertreter, Jahrgang 1912

Bei uns war der Krieg am 28. Februar 1945 zu Ende. Von meinem Vater hörten wir nach dem Krieg zunächst nichts. Er war in Süddeutschland gefangen genommen worden und kam dann zu Fuß von dort zurück nach Rheydt. Als er eintraf, war das eine Riesenüberraschung. Er erzählte uns von seiner Gefangennahme durch die Amerikaner. Natürlich ist er nicht verwöhnt worden, aber das konnten sie ja auch nicht. Mein Vater war leidenschaftlicher Zigarrenraucher. Ich glaube, er hat mehr darunter gelitten, dass er keine Zigarren bekommen hat, als unter Hunger.
Harald Frentzen
Bestattungsunternehmer,
Jahrgang 1930

Als wir die ersten Amerikaner sahen, wussten wir, dass uns nichts mehr passieren konnte. Obwohl – im ersten Moment waren wir immer noch angespannt und dachten: »Was wollen die jetzt von uns?« Dann wurden überall Tafeln angebracht und bekannt gegeben, wo man etwas zu essen kaufen konnte, wo es Lebensmittel-Marken gab. Unsere Grundschule hier auf der Hehner Straße war nach Kriegsende belegt mit rabenschwarzen Amerikanern. Die Offiziere, Weiße, wurden in Privathäuser auf der Luisenstraße einquartiert. Dort war während der Bombardierungen nicht viel passiert, die Wohnungen noch in einwandfreiem Zustand.
Die Amerikaner waren alle sehr nett, sehr freundlich und gut erzogen,

und wir hatten sehr bald keine Angst mehr vor ihnen. Wir unterhielten uns mit Händen und Füßen. Als sie abrückten, brachten sie noch Kochtöpfe und Schüsseln in die Häuser. Ob sie die Bewohner kannten oder nicht, war ihnen egal. Die Leute waren sehr überrascht.
Lisbeth Maahsen
Gastwirtin, Jahrgang 1913

Gegen Ende des Krieges hatten sämtliche Keller Durchbrüche zum nächsten Haus, damit man im Brandfall flüchten konnte. Als die Amerikaner im März 1945 kamen, quartierte man neben unserem Haus an der Blücherstraße US-Militärpolizei ein. Uns beruhigte das und wir dachten, jetzt könne uns nichts mehr passieren. In der ersten Nacht, nachdem Gladbach eingenommen worden war, freuten wir uns, nach der Bunkerzeit wieder zu Hause schlafen zu können. Wir entschlossen uns aber, nicht alleine in unseren Zimmern, sondern alle zusammen im ersten Stock zu übernachten. Nachts wurde ich wach. Zwar konnte ich nichts sehen, hatte aber das Gefühl, jemand stehe neben mir. Ich rief meinen jüngsten Bruder Hans-Georg, sagte dann auch laut »Vater« – niemand antwortete. In diesem Moment bekam ich Angst. Jemand fasste mich an der Kehle. Hans-Georg war durch mein Rufen nun doch wach geworden und rief meinen Eltern laut zu: »Bei der Inge steht ein Kerl am Bett!« Ich war wie gelähmt. Was ich damals für Ängste ausstand, als ich diese Hände auf einmal an meinem Hals spürte! Zwei amerikanische Militärpolizisten waren durch den Kellerdurchbruch gekommen, um mich mitzunehmen. Einen aufgerollten Teppich, in dem sie mich wahrscheinlich durch das Kellerloch transportiert hätten, trugen sie bei sich. Außerdem fand ich in meinem Bett fremde Taschentücher, mit denen sie mich knebeln wollten. Sie hätten mich nebenan vergewaltigt. Bis mein Vater die Taschenlampe endlich fand! Mutter fing an zu schreien – wie eine ausgeleierte Sirene, meinte Hans-Georg später immer scherzhaft. Die zwei Amerikaner zogen wieder ab und mein Bruder erzählte uns, er habe sie noch lachen gehört. Ich schlief daraufhin zwei oder drei Monate auf der Ritze zwischen meinen Eltern. Wenn ich zur Toilette in die obere Etage ging, musste mich nun immer jemand begleiten. Ich hatte einen richtigen Schock! Und wie so etwas dann weitererzählt wird: Nach dem Ereignis kam ein katholischer Geistlicher in die Praxis meines Vaters und wollte ihm zu meinem Tod kondolieren!

Auf der Mozartstraße lag die Ortskommandantur der Amerikaner. Mein Vater ging am nächsten Morgen sofort hin und beschwerte sich. Was daraus geworden ist, weiß ich nicht. Dann warnte er ringsum alle Frauen, von denen er wusste, dass sie alleine im Haus lebten. Mein Bruder half in der Nachbarschaft, verschiedene Kellerdurchbrüche wieder zuzumauern.
Inge Hollweg
Ärztin, Jahrgang 1921

Nach dem Zusammenbruch 1945 wurde das Zwangsarbeiterlager an der Krefelder Straße, in dem auch ich interniert war, von belgischen Soldaten befreit. Die Insassen kamen in ein Sammellager. Ich wollte nicht zurück nach Hause. Deshalb versteckte ich mich und flüchtete zur Familie Krumen nach Kleinenbroich. Ich hatte

Die Blücherstraße (früher Karlstraße) / Ecke Parkstraße nach einem Bombenangriff. Im Haus Nr. 26, das zweite von links, wohnte Familie Hollweg.

doch gesehen, was die Russen bei ihrem Einmarsch bei uns in Ostgalizien/Polen mit polnischen Offizieren gemacht hatten. Die Familien waren nach Sibirien deportiert worden usw. Ich tauchte unter, bis sich alles beruhigt hatte. Schließlich bekam ich Kontakt zur Familie Hertmanni, die eine Stofffabrik auf der Kabelstraße führte. Das Ehepaar reiste viel und Frau Hertmanni suchte ein Kindermädchen für ihre Töchter Petra und Angela. So kam ich zu Hertmannis auf die Albertusstraße. Ich schlief bei den Kindern im Kinderzimmer, war eine richtige Betreuungsperson.

1954 heiratete ich in Mönchengladbach. In meine Heimat wollte ich nicht mehr zurückgehen. Nachdem mein Sohn 1960 zur Welt gekommen war, bin ich eingebürgert worden. Bis dahin galt ich seit Kriegsende als »heimatlose Ausländerin«, also staatenlose. Meine Kinder sind deutsch, sie sprechen meine Sprache nicht und

Maria Pongs (Dritte von links) arbeitete nach dem Krieg als Kindermädchen im Haus der Familie Hertmanni in der Albertusstraße. Die ehemalige Zwangsarbeiterin betreute die Töchter Petra (links) und Angela, genannt Gela, (rechts).

kennen meine Heimat in der heutigen Ukraine nicht. Mit ihnen ist darüber gar nicht gesprochen worden. Von klein auf waren sie an meinen Akzent gewöhnt.

Damals, als die Liebesgeschichte zwischen einem SA-Mann und mir, einer polnischen Zwangsarbeiterin, nicht sein durfte, da fühlte ich mich als Mensch zweiter Klasse. Aber danach in all' den Jahren überhaupt nicht. Mein Leben ist zwar anders, als ich es mir vorgestellt hatte, aber ich bin nicht unglücklich. Ich habe keinen Groll.
Maria Pongs
Hausfrau, Jahrgang 1924

Die so genannten Entnazifizierungsverfahren verliefen zum Teil grotesk. Oft spielten auch persönliche Rivalitäten eine Rolle. Gegen unseren Hauseigentümer aus der Düsseldorfer Straße – nach meiner Einschätzung ein harmloser Parteigänger – war ein solches Verfahren im Gange. Er bat mich, zu bestätigen, dass er sich um die Herausgabe geplünderter Schuhe, die ein

Parteigenosse aus einem brennenden Geschäft »rettete«, aber auch um Mutters Evakuierung bemüht hatte.
Heinz Habrich
Lehrer, Jahrgang 1926

Nach dem Krieg bin ich sofort in die CDU eingetreten, weil ich dachte, man muss in Richtung Demokratie etwas tun. Ich bin Gründungsmitglied. Mir fehlte nur die Zeit, aktiv zu werden.
Gerda Wintzen
Unternehmerin, Jahrgang 1913

Es ist verständlich, dass jeder über politische Entscheidungen unterschiedlicher Meinung sein kann. Aber nur mit Meckern ändert man nichts. Auch ich muss mich da an meine eigene Nase fassen: Ich kümmerte mich nach dem Krieg nur darum, dass es bei meinem Arbeitgeber gut lief und wollte, wenn ich nach Hause kam, nichts mehr von Politik wissen. Diese Einstellung finde ich heute nicht mehr richtig: Man sollte in eine Partei eintreten, um die Möglichkeit zu haben, seine eigene Meinung eventuell anderen Menschen zu erklären. Sonst darf ich mich nicht wundern, wenn mich eines Tages anders Denkende regieren.
Alfred Liermann,
Prokurist, Jahrgang 1926

Nach Kriegsende benötigte jeder einen Personalausweis. Der wurde im Sommer 1945 von der englischen Militärbehörde auf der Mozartstraße ausge- geben. Eicken war von einer Seite durch Stacheldraht abgezäunt. Dort wurden Unterkünfte errichtet. Auch die Regentenstraße war durch Stacheldraht halb abgesperrt.
Josef Bahners
Maschinenschlosser, Jahrgang 1929

Im Hardter Wald gab es direkt nach dem Krieg ein großes Lager mit verschiedenen Gruppen. Ich engagierte mich in der christlichen Jugendarbeit und betreute hier die katholische Mädchengruppe mit Mädchen aus dem Mönchengladbacher Stadtgebiet. Sie wurden mit Quäkerspeise aus Amerika ernährt. Ich entsinne mich noch daran, dass alle Mädchen Furunkel hatten auf Grund der Unterernährung.
Gerda Wintzen
Unternehmerin, Jahrgang 1913

Nach dem Krieg war die Versorgungslage problematisch. Es fehlte an allen notwendigen Dingen. Im Winter 1945 wurden Suppenküchen und Wärmestuben eingerichtet, in den Schulen mit einer Schulspeisung begonnen. Alle Lebensmittel und die wichtigen Dinge des täglichen Bedarfs waren rationiert und nur auf Bezugsschein erhältlich. Das Tauschen von Gütern, auch »kompensieren«, »kungeln« oder »organisieren« genannt, bestimmte weitgehend das Leben der Menschen in jener Zeit. Wer etwas zu tauschen hatte, fuhr los in die ländliche Umgebung, um damit Heizmaterial oder Lebensmittel zu beschaffen. Die Bauern bewachten nachts ihre Felder, denn es wurde gestohlen, was nur gerade erreichbar war.

Anfang 1946 ging ich mit einigen anderen jungen Männern abends zur Bahnstrecke Grevenbroich–Rheydt. Etwa auf der Höhe Gotzweg versuchten wir, mit langen Eisenstangen Briketts von den Kohlenzügen herunterzuholen. Andere sammelten sie dann in Windeseile in Körbe und Säcke. Solche Aktivitäten verursachten auch Gewissensbisse und so empfanden wir es als sehr hilfreich, dass der Erzbischof

von Köln, Kardinal Frings, äußerte, die Abwendung von großer Not sei keine Sünde. Von da an wurde solches Treiben »fringsen« genannt.
Heinz Habrich
Lehrer, Jahrgang 1926

Die schwierigste Zeit waren die Jahre direkt nach dem Krieg. Vor allem Heizmaterial fehlte in den Wintern 1945 bis 1947. Parallel zur Herzogstraße, an der wir wohnten, verlief die Bahnlinie zum Bahnhof Mülfort. Ein Bekannter von der Bahn sagte mir damals, wann ein Zug mit Heizmaterial kam. Gemeinsam mit anderen Frauen und Männern kletterte ich auf die Waggons und warf Briketts herunter. Oder er bestellte mich um vier Uhr

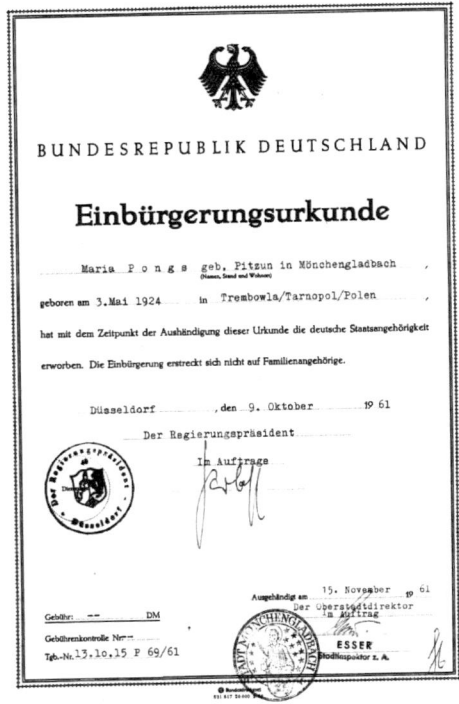

Die Einbürgerungsurkunde von Maria Pongs, ausgestellt am 9. Oktober 1961.

nachts zum Bahnhof Mülfort, wo wieder ein Zug halten würde. Manchmal »fand« ich sogar Lokomotivbriketts.

Helmut Vits
Elektrotechniker, Jahrgang 1915

Für die Ausgabe der Bezugsscheine wurde ein eigenes Amt eingerichtet, das aber eigentlich nur den Mangel verwaltete. Es war schon sehr schwierig, einen Bezugsschein für ein bestimmtes lebensnotwendiges Gebrauchsgut zu bekommen. Darum verstand man kaum, dass auf dem Schwarzmarkt Bezugsscheine gehandelt wurden. So mussten für einen Bezugsschein auf Damen- oder Herrenschuhe 600, für einen Schein auf Kinderschuhe 400 Reichsmark gezahlt werden. Im Vergleich dazu war dann der eigentliche Preis für die Ware unbedeutend.

Heinz Habrich
Lehrer, Jahrgang 1926

Gleich nach Kriegsende 1945 gab sich meine Familie, die immer schon im Schuhfachhandel tätig war, große Mühe, die Bevölkerung wieder mit Schuhen zu versorgen. Wir machten uns auf den Weg nach Wuppertal und kauften dort eine Wagenladung voll Schnürriemen im Tausch gegen Speck. Damit fuhren wir nach Kornwestheim zu Salamander. Dann wurde getauscht: Schnürriemen gegen Schuhe. Die Leute standen danach bei uns in langen Schlangen um Schuhe an. Auf Bezugsscheine erhielt man ein Paar. So ging es langsam und sehr mühsam los, aber es ging los.

Nachdem mein Bruder aus der Gefangenschaft zurückgekehrt war, kaufte er an der Erft Pappelbäume und ließ sie zu Sohlen verarbeiten. Nun

kamen nur noch Riemen drüber und fertig waren die so genannten Kläpperchen.

Gerda Wintzen
Unternehmerin, Jahrgang 1913

Von Büttgen kam ich nie ohne irgendwelche Waren nach Gladbach zurück. Die Bauern dort hatten immer etwas. In Büttgen lernte ich auch meinen zweiten Mann kennen. Er hat mir Gott weiß was besorgt, vor allem Schnaps, den die Bauern selbst brannten. Den haben wir zu Hause an unsere früheren Gäste aus der Gastwirtschaft verkauft. Sie wussten, die Uebachs hatten Schnaps. Ich holte den Schnaps mit dem Fahrrad – Tag und Nacht. Eines Tages brachte ich zwei Ladungen von Neuss. Ich fuhr über Feldwege, über die Dörfer. Wir hatten dann so viel Vorrat, dass mein Vater meinte, es sei zu gefährlich. »Was tun wir?« – »Einfach nach oben auf's Dach«, sagte ich. Ich besorgte mir eine Leiter, transportierte die Flaschen nach oben und legte Pappe darauf. Als die Sache gerade perfekt war, zeigte jemand meinen Vater an. Die Polizei kam – Hausdurchsuchung. Sie fanden aber nichts. Das war ungefähr 1946/47. Ich hatte immer Glück auf meinen Touren, bin nie kontrolliert worden.

Von Mund zu Mund ging es immer: Da kann man dies kaufen, dort jenes. Private Adressen wurden genannt. Man wurde angesprochen: »Brauchen Sie Zigaretten?« Praktisch überall, wo man war, konnte es vorkommen, in jedem Lokal. Wenn man Geld hatte, war man in der Lage, Zigaretten zu kaufen. Allerdings änderten sich ständig die Preise.

Lisbeth Maahsen
Gastwirtin, Jahrgang 1913

Ich hatte mir selbst ein Fahrrad zusammengebaut. Damit bin ich nach dem Krieg gemeinsam mit Onkel Willi zu meiner Tante Christine etwa 180 Kilometer hin und 180 Kilometer zurück in den Hunsrück gefahren. Um ein Köfferchen zu holen mit einer Flasche Öl, einem Stückchen Speck und einer Wurst. Als wir über die Hunsrückhöhenstraße fuhren, rief mein Onkel mir zu: »Harald, guck' mal in deinen Koffer. Ich sehe Öl auf die Straße tropfen!« Ich hielt an, öffnete den Koffer und sah: Die Flasche Öl war ausgelaufen. Der Stopfen war nicht richtig drauf gewesen. Dafür waren wir 360 Kilometer mit dem Fahrrad gefahren!

Harald Frentzen
Unternehmer, Jahrgang 1930

Erich Brass

Das Rheydter Ehepaar Grete und C. Fritz Dülken wanderte mit seinen Kindern 1928 nach Montclair in New Jersey in die USA aus, wo C. Fritz Dülken (24.12.1892-15.02.1961) die »Kearny Manufacturing Company« gründete. Das Unternehmen stellte Textilmaschinen und chemische Hilfsmittel für die dortigen Baumwollspinnereien her und vertrieb sie. Mit seinem Freund Erich Brass in Rheydt und weiteren Rheydter und Gladbacher Familien stand C. Fritz Dülken weiterhin in enger Verbindung, die er und seine Familie durch häufige Besuche in seiner alten Heimat bis 1938 intensiv pflegten. Nach dem Krieg, als die 1945 in Washington/ USA gegründete private Organisation CARE eine beispiellose Hilfsaktion für kriegsgeschädigte Menschen in Europa startete und Millionen CARE-Pakete mit Lebensmitteln, Kleidung und Gebrauchsgütern nach Deutschland geschickt wurden, organisierte auch Dülken einen sehr umfangreichen privaten Paketversand.

Aus dem Briefwechsel mit Erich Brass vom 2. April 1946 bis zum 12. April 1948 sind hier einige aussagekräftige Passagen abgedruckt, die die schwierige Notzeit kurz nach dem Zweiten Weltkrieg beleuchten.

2-4-1946 Montclair, New Jersey/USA
Liebe Elfriede und lieber Erich,
soeben melden Rundfunk und Zeitungen, dass Briefverkehr mit der alten Heimat wieder gestattet ist. Wir hoffen inständig, dass diese Zeilen Euch unter den Lebenden antreffen werden. Hoffentlich ist Euch Helmut [einer der zwei Söhne, Anm. d. Autorin] erhalten geblieben (...).

Eure Freunde
Grete und Fritz

C. Fritz Dülken

20-7-1946 Montclair, N.J./USA
Lieber Erich,
Ihr, wie andere Freunde, seid auf unserer Liste für regelmäßige Zusendungen von Lebensmittelpaketen, von denen die ersten hoffentlich in Deinem Besitz sind, wenn dieser Brief Dich erreicht. Alle Pakete müssen Euch zollfrei und frei von sonstigen Kosten ausgehändigt werden. Auch darf Eure (übliche) Ration wegen dieser Zusendungen nicht gekürzt werden. Das wurde uns ausdrücklich versichert. Bitte teile mir un- verzüglich mit, ob dem so ist. Der Inhalt ist keine Feinschmeckerkost, aber wir sind der Ansicht, dass zunächst einmal Quantum geliefert werden muss. Bei jedem neuen Paket werden wir die lfd. No. angeben, so daß Ihr kontrollieren könnt, ob Ihr auch alles bekommt. Durchschnittlich wird jede Woche oder jede zweite ein Paket abgehen bzw. die Bestellung für

eines. Man versichert uns, dass vom Tage der Bestellung hier bis zur Auslieferung dort höchstens drei Wochen vergehen werden – das wäre ja nicht so schlecht. Wie Du vielleicht weißt, können wir selbstgepackte Pakete von hier einstweilen noch nicht in die britische Zone senden. Was Ihr bekommt, ist aus US-Armeebeständen, wiegt pro Paket etwa 40 Pfd. brutto und 31 Pfd. netto an Nahrungsmitteln, mit einem Nährwert von über 40.000 Kalorien pro Paket. Sobald der private Postverkehr nach Eurer Zone frei ist, sende ich an Dich gute amerikanische Zigarren. Auch Fett, Fett und wiederum Fett, obschon davon ja auch einiges in den CARE-Paketen enthalten ist, die Ihr einstweilen laufend erhalten werdet.
Gib mir bitte auch Namen von anständigen Leuten, die solcher Zuweisungen ganz besonders bedürfen. Ich weiß, dass Ihr alle es gebrauchen könnt. Ich denke aber an Verlassene, die keinen Freund oder Verwandten in den USA haben. (...)
Herzlichst Fritz

21-8-1946 Montclair N.J/USA
Lieber Erich,
Wir haben bisher folgende Pakete zustellen lassen und bitten, diese auf Vollständigkeit des Inhalts und Beschaffenheit zu prüfen und uns Beanstandungen mitzuteilen, da wir weitgehendst versichert sind gegen Beraubung als auch gegen Beschädigung und Verderben.
1) Pakete »FRÖHLICH« über Dänemark. Diese müssen enthalten 2 Pfd. Kaffee, 3 Pfd. Butter, 4 Pfd. Büchsenfleisch, 3 Pfd. Salamiwurst, 2 Pfd. Pulver-Fettmilch, 2 Pfd. Käse.
2) Paket »CARE«, direkt von europäischen Lagern der US Army: netto 30 Pfd. Lebensmittel, brutto 49 Pfd. Auch

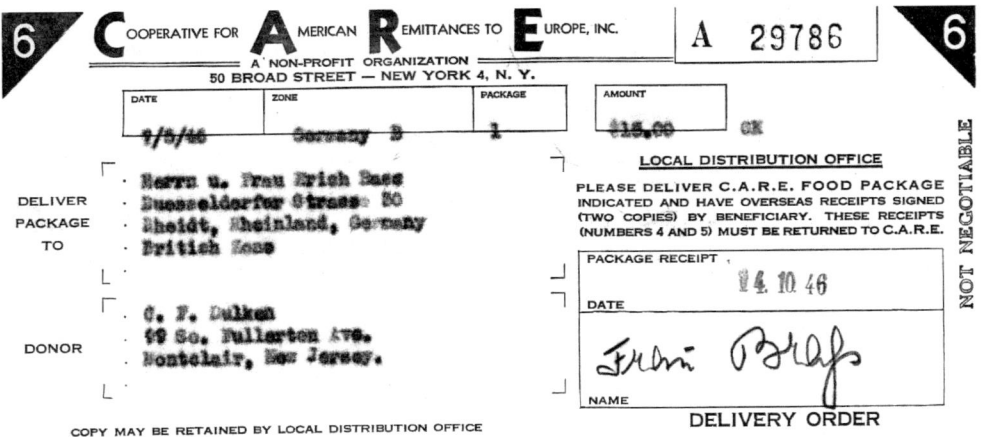

Der Lieferschein eines CARE-Paketes, abgesandt am 5. Juli 1946, ausgeliefert am 14. Oktober an Elfriede Brass, Düsseldorfer Straße 30 in Rheydt, Rheinland, Germany, British Zone.

einige Zigaretten sollen darin sein. Total: 40.000 Kalorien.

3) Paket »CERA« über Caritas-Schweiz. Enthaltend total 22.000 Kalorien Lebensmittel. Paket No. 92D: 1 kg Schweinefleisch in Büchsen, 1,5 kg Fettkäse, 1 kg Butter und 1 kg Salamiwurst.

4) Paket »CRALOG« (Angaben folgen)

5) Paket »ZIG«: 200 Original amerik. Zigaretten.

6) Paket »ZIGA«: 50 amerik. Zigarren mit Havanna-Filter.

7) Paket »HILDEBRAND 2«: 1 Pfd. Kaffee, 1/2 Pfd. Tee, 2 mal 1/2 Pfd. Rosinen, 1 Pfd. Griesmehl, 1 Pfd. Reis, 1 Pfd. Pralinen, 1/2 Pfd. Kakao, 1 Pfd. Naturhonig, 1 großes Stück Badeseife, 1 großes Stück Toilettenseife, 2 Rollen Garn, 1 Paket assortierte Nadeln, je 1 Paar Damen- u. Herrenschuhsohlen, 1 Paar Herrenschuhabsätze (Gummi) und Schnürriemen, 1 Tube Zahnpasta, 1 Zahnbürste oder Rasierpinsel, 1 Tube Rasierseife oder 2 Stück Seife, 5 Rasierklingen.

8) Paket »HILDEBRAND AMERIKA«: 1 Pfd. gerösteten Kaffee, 2 Pfd. grünen

Kaffee, 1/2 Pfd. Tee, 1 Pfd. Kakao, 3/4 Pfd. Kaffee-Pralinen, 3/4 Pfd. Frucht-Pralinen und 1,75 Pfd. Schokolade in Tafeln.

9) Paket »LBCN«: 3,25 m Herren-Anzugstoff mit Futter, Knöpfen und Nähgarn, bestes USA-Fabrikat, ferner 3 Paar Herrensocken Standard-Größe.

Bitten um Mitteilung, welche No. am meisten gewünscht wird. Sorgt Euch nicht vor dem Winter, wir, wie andere, werden nach besten Kräften helfen. (...) Geniert Euch nicht! Ihr würdet ja auch wie wir handeln, wenn die Rollen vertauscht wären.

Herzlichst Grete und Fritz Dülken

Rheydt, 15-10-1946
*Lieber Fritz,
ich kann Dir nun heute endgültig den Empfang des ersten CARE-Paketes bestätigen, das Elfriede gestern bei der Caritas in M.Gladbach abholte [abgeschickt am 5. Juli in Montclair, Anm. d. Autorin]. (...)*

*Herzliche Grüße
Dein Erich*

Kearny Manufacturing Company, Inc.

GREENVILLE
SOUTH CAROLINA, U.S.A.
Cables: Kermanuco - Greenville Socar

KEARNY
NEW JERSEY, U.S.A.
Cables: Kermanuco - Kearny

Written at   KEARNY N.J. USA
Oct. 31st 1946.

Der Briefkopf von C. Fritz Dülken.

Kearny, New Jersey; USA, 16-10-1946
Lieber Erich,
soeben haben wir ein geharnischtes Pro-
testtelegramm an C.A.R.E. in New York
gesandt wegen der unerhörten Schlam-
perei und Verzögerung in der Zustellung
der CARE-Pakete in den verschiedenen
Zonen Deutschlands. (...)
Dein Freund Fritz

Rheydt, 30-10-1946
Lieber Fritz,
(...) Vieles, sehr vieles wäre nicht nötig,
von USA geschickt zu werden, wenn
man uns hier die Möglichkeit der Pro-
duktion gäbe. Aber es läuft praktisch
kein Betrieb, jedenfalls keiner für Kon-
sumartikel. Du kannst Dir einfach nicht
vorstellen, mit welchen Hemmungen
das tägliche Leben belastet ist. So hät-
ten wir jetzt nach der Kartenzuteilung
genügend Brot für unseren Bedarf, aber
seit 14 Tagen ist die Mehlanlieferung so
unregelmäßig, dass man kein Brot kau-
fen kann. (...)
Meine herzlichen Grüße
Dein Erich

Rheydt, 30-11-1946
Lieber Fritz,
(...) Ich muss Dir sagen, dass es nicht
nur schwierig ist, an Schuhe zu kom-

men, sondern fast unmöglich. Damit
Helmut ein paar Schuhe bekam, muss-
ten wir ein Paar Stiefel von mir, die
ich allerdings entbehren konnte, ein-
tauschen.
In den 16 Monaten nach dem Mili-
tär war es noch nicht möglich, einen
Bezugsschein zu bekommen, dabei lie-
gen die Fabriken voll Fertigware. Kin-
der können nicht zur Schule geschickt
werden, weil sie keine Schuhe haben.
Wir legen daher Fussabdrücke bei,
wenn wir Dich um je ein Paar Schuhe
bitten dürfen. (...)
Dein Erich

Rheydt, 6-2-1947
Lieber Fritz,
(...) Heute sagt das Thermometer eine
neue starke Kältewelle an, nachdem
wir schon wieder 14 Tage bis zu minus
15 Grad hatten. Im Schlafzimmer ist
Frosttemperatur und wir sind froh,
dass wir bis jetzt das Wohnzimmer hei-
zen konnten. Man hört von vielen Leu-
ten, dass sie ihre Kinder im Bett lassen,
weil sie für die Schule nicht genügend
anzuziehen haben und die Zimmer zu
Hause nicht heizen können. Bei dem
Kohlenmangel ist auch nicht daran zu
denken, dass die Betriebe ordnungsge-
mäß in Gang kommen. Alles laboriert

herum ohne wirklich lohnende Tätigkeit. (...)

Dein Freund Erich

Montclair N.J./USA, 16-2-1947
Lieber Erich,
der erwartete Auslauf der CARE-Pakete in der jetzigen Form scheint gekommen zu sein. Der neue Direktor von CARE, Dr. Paul Comly French, Nachfolger von General Haskell, hat angezeigt, dass ab März die neuen Pakete zur Verteilung gelangen werden. Diese enthalten nur noch 21 Pfd. Nahrungsmittel statt 29 wie bisher, aber die Zusammenstellung und Kalorienwerte scheinen gleichwertig, wenn nicht überlegen zu sein. Sie enthalten: Mehl, Zucker, Fleisch, Schokolade, getr. Früchte, Kaffee, Eierpulver, Milchpulver und Seife. Wird das eine Zigarettenknappheit in Deutschland werden! Übrigens hat CARE vor ca. vier Wochen ein Textilpaket herausgebracht, welches zwei reinwollene Decken enthält, aus denen sehr gut Frauenkleider gemacht werden können. Interessiert Euch das? Dann können wir ab und zu mal ein Textilpaket, welches auch Zwirn, Nadel etc. enthält, einschalten.
Geht sparsam um mit Eurem Zigarettenvorrat!

Herzlichst grüsst
Dein Fritz

Kearny New Jersey USA, 7-3-1947
Lieber Erich,
trotz unserer häufigen Bitten, den Mund zu halten, hat F.B. einer Reihe von Leuten unsere Adresse gegeben und uns als unversiegbare Spenderquelle von Paketen erwähnt. Das geht definitiv über unsere Kraft. Ein Bittsteller schreibt: »Bei solcher Anzahl kommt es ja auf ein Paket mehr oder weniger wohl nicht an!« Wir kennen natürlich die furchtbare Not.

Aber wir können doch nicht ganz Rheydt versorgen! Jede Postsendung bringt seit einiger Zeit 7 bis 10 solcher Briefe von Leuten, die wir gar nicht oder kaum kennen. Es ist erschütternd und wir leiden unter der Unmöglichkeit, allen zu helfen.
Welch' unsägliches Elend hat der Hitler'sche Größenwahnsinn über das bejammernswerte Deutschland gebracht. Und – grotesk genug: Noch heute bekommen wir Briefe, aus denen hervorleuchtet »Früher war alles besser!« Anstatt einzusehen, dass das Heute nur die unausbleibliche Folge des vermasselten Gestern ist. (...)

Dein Freund Fritz

Rheydt, 5-4-1947
Lieber Fritz,
(...) Politisch sehen wir noch ziemlich schwarz, denn es scheint vorerst nicht, dass sich Wesentliches ändern wird. Wir hoffen sehr auf einen Wiederaufbau der deutschen Industrie. Aber leider sind die Interessen der Siegerstaaten nicht gleichgerichtet und damit wird die Lösung aller schwebenden Fragen erschwert. Die Hungerdemonstrationen der letzten Tage sind bestimmt kein Theater. Hier in Rheydt ist eine Kundgebung am 3.4. in Ruhe verlaufen. Praktisch merken wir fast nichts von der britischen Besatzung, da keine Engländer in Rheydt wohnen und nur im Rathaus eine kleine Kommandantur besteht. (...)

Dein Freund Erich

z.Zt. Antwerpen, 15-8-1947
Lieber Erich,
soeben erhalte ich vom US-State Department in Washington D.C. die Nachricht, datiert vom 31. Juli, dass mein Einreisegesuch nach Deutschland genehmigt worden ist.

Herzlichst Fritz

Rheydt, 17-10-1947
Lieber Fritz,
(...) soeben ist die Liste der für die
Demontage bestimmten Betriebe heraus-
gekommen. Unser Bezirk ist mit Schar-
mann und Pollrich vertreten. (...)
Dein Erich

An der Herzogstraße hatten wir eine
kleine Dachkammer oben auf der dritten Etage. Später erhielten wir von der
angrenzenden Wohnung noch ein Zimmer dazu und richteten diese Räume
als Schlafzimmer her. Die Zimmerdek-
ke war aber zum Teil eingestürzt. So
besorgte ich Gips, Kalk und Heu, um
die Decke zu reparieren. Ich besserte
das Lattengeflecht aus und griff zwischen Decke und Dachziegel. Dabei
fand ich in dem Zwischenraum eine

Marga Konnertz und Heinz Habrich heirateten am
5. Mai 1948 mit einem aus zwei einzelnen Sträußen
zusammenfügten Hochzeitsstrauß.

Brandgranate. Sie hatte dort nun schon
einige Zeit gelegen und ich dachte mir,
wenn ich sie vorsichtig anfasse, kann
nichts passieren. Ich schaffte sie nach
draußen und grub sie ein wenig im
Garten ein. Dann benachrichtigte ich
die Stadtverwaltung. Einen Tag später kam der Räumdienst und holte die
Granate ab.
Helmut Vits
Elektrotechniker, Jahrgang 1915

Am 1. Januar 1948 verlobten wir uns.
Marga konnte sich nun bei uns im
Hause aufhalten, ohne dass die Leute
es als »unschicklich« empfanden. Die
Goldringe waren unter schwierigen
Umständen beschafft worden: Für
jeden Ring musste ich ein Paar Schu-
he »kompensieren«. Die erforderlichen
Bezugsscheine dafür hatte ich vor-
her auf dem Schwarzmarkt gekauft.
Zu unserer Hochzeit am 5. Mai hatte
ich in zwei verschiedenen Blumenge-
schäften jeweils einen Strauß bestellt
und als wir diese dann zusammenfüg-
ten, wurde doch noch ein vernünftiger
Hochzeitsstrauß daraus.
Heinz Habrich
Lehrer, Jahrgang 1926

Im Frühjahr 1948 bekam ich im Mül-
forter Bruch einen Leih-Garten. Er
musste aber erst gerodet werden –
insgesamt waren es 400 Quadratmeter. Dazu wurde eine Furche, etwa
einen halben Meter breit und einen
halben Meter tief, ausgehoben, die
Erde an die Seite geschafft. Damit
es nicht mehr so feucht war, kam in
die Furche eine gute Lage Bauschutt,
dann eine Lage Müllabfuhrmateri-
al, das ich mir in zwei Karren an die
Straße anliefern ließ. Die Erde von
der nächsten ausgehobenen Furche
wurde dann auf das Zugeschüttete

hinaufgekippt. Meinem Garten gegenüber lagen Wiesen, bis hin zur Niers. Wenn ich morgens um fünf Uhr kam, weideten dort die Kühe. Mit frischem Kuhmist düngte ich meinen Garten. Auf das Gelände baute ich auch eine Pumpe, um den Garten im Sommer bewässern zu können. Als ich etwa 200 Quadratmeter fertig hatte, zogen wir nach Gladbach um. Seit der Zeit mag ich keine Gartenarbeit mehr.
Helmut Vits
Elektrotechniker, Jahrgang 1915

Am 21. Juni 1948 kam die Währungsreform, das war ein wichtiger Einschnitt. Auf einmal hatten alle Geschäfte wieder Ware. Die Schaufenster waren sogar plötzlich dekoriert, alles war zu haben. Natürlich überlegte jeder genau, was man mit diesen ersten 40 Mark machen sollte, was das Wichtigste war. Schuhe

gehörten oft dazu. Nach der Währungsreform ging der Aufbau sehr schnell voran, ganz rapide. Wir bekamen gar nicht so schnell Personal, um das alles zu bewältigen.
Gerda Wintzen
Unternehmerin, Jahrgang 1913

Nach dem Zweiten Weltkrieg waren keine Wohnungen auf dem freien Markt zu haben, nur über das Wohnungsamt – mit strengen Auflagen. Alles war sozialer Wohnungsbau. Für junge Leute war es fast unmöglich, eine Wohnung zu bekommen. Man musste verheiratet sein und Kinder haben. Zwar gab es beim Aufbau von zerstörten Wohnungen viel Eigeninitiative, die staatlicherseits durch günstige Darlehen und Kredite unterstützt wurde. Hätte man sich aber als Grundstücksbesitzer und Bauherr an

Zerstörungen im Ortsteil Pesch, 1945. In der Bildmitte sieht man die „Gladbacher Actien-Spinnerei und Weberei"/ Berufsschule am Platz der Republik. Quelle: Stadtarchiv MG 10/38429

eine normale Bank wenden müssen, wäre ein Bauvorhaben für viele an der Finanzierung gescheitert. Nur wenige verfügten nach dem Krieg über die finanziellen Möglichkeiten, etwas aufzubauen. In dieser Situation sagte die Stadt Mönchengladbach: Wir bauen nicht nur da oder dort ein Haus wieder auf, sondern wir stellen uns vor, mal einen ganzen Stadtteil wieder aufzubauen. So traten Mitte der 50er-Jahre Leute von der Stadt an Grundstückseigentümer heran und empfahlen ihnen, an einem Großprojekt zum Wiederaufbau von Wohnraum teilzunehmen. Manch einer, der selbst nicht mitmachen wollte, verkaufte sein Grundstück an Bauwillige.

Meinen Eltern gehörte ein Grundstück auf der Johannesstraße, das sie nur als Kapitalanlage hielten, während sie selbst auf der Rheydter Straße wohnten. Dieses Grundstück Nr. 78, nach dem Krieg ein Trümmergrundstück, schenkten sie mir damals, weil hier diese besondere Aktion gestartet wurde. Das Großbau-Projekt in Pesch sollte privaten Eigentümern die Möglichkeit zum Bauen oder Wiederaufbauen geben, auch wenn sie nicht mehr als ein Trümmergrundstück als Kapital einbringen konnten. Finanziert wurde das Bauvorhaben unter anderem durch das Sozialwerk und die Stadt. Durch Teilnahme an diesem Projekt erzielte man als Bauherr enorm günstige Finanzierungsmöglichkeiten. Für einen kleinen Betrag von 4.000 oder 6.000 Mark gab die Stadt ein Darlehen zu vier Prozent. Die erste Hypothek von 18.000 Mark lag mit 6,5 Prozent fest und war von einer Bremer Bank übernommen worden. Als Drittes kam ein Landesdarlehen hinzu. Bei uns lag der Zinssatz bei 0,5

Prozent. Zu 0,5 Prozent erhielten wir 27.500 Mark. So ging der Hausbau für uns plus minus Null aus. Mithilfe der Finanzierung des Staates kamen wir also 1955 ohne einen Pfennig Eigenkapital – bis auf das Grundstück – an ein Haus mit zeitgemäßem Standard. Der ganze Aufbau dieses Hauses – das muss man sich vorstellen – hat 57.000 Mark gekostet. Lediglich das Grundstück hatte ich eingebracht und zwei Außenmauern des Trümmerhauses. Wir erlebten das wie einen Traum.

Wir waren daran interessiert, das Haus früh abzulösen, und es gab die Möglichkeit, Sondertilgungen vorzunehmen. Als der Betrag abgezahlt war, musste man noch zehn Jahre lang diejenigen Leute als Mieter nehmen, die das Wohnungsamt genehmigte.

Wir machten mit, weil wir endlich heiraten wollten. Meine Frau und ich waren ja schon sieben Jahre zusammen und hatten noch keine Wohnung gefunden. So zögerten wir die Heirat immer weiter hinaus. Aus diesem Grund hatten wir überlegt, Eigentümer zu werden.

Am 4. August 1954 war die Grundsteinlegung für 362 Wohnungen, im August 1955 zogen wir schon ein. Rohstoffknappheit gab es nicht. Nach der Währungsreform existierte das Wort »Knappheit« überhaupt nicht. Höchstens qualitativ – man fand zum Beispiel keine Kunststofffenster, Fliesen nur uni weiss. Ein großer Fortschritt im Vergleich zu Vorkriegszeiten war eine Warmwasserbereitung über Gas. Warmes Wasser in der Küche und im Badezimmer direkt aus dem Hahn über den üblichen Geyser. Das war Luxus im Vergleich zu früher, aber Mitte der 50er-Jahre dort schon Standard, wo neu aufgebaut wurde. Die

Badewanne durfte eingekachelt werden, stand nicht mehr frei.

Die Parterrewohnung in unserem Haus kostete 57,50 Mark, die erste Etage 62 Mark und die Wohnung oben mit dem zusätzlichen Zimmer in der Mansarde gab es für 78 Mark – einschließlich aller Nebenkosten. In der Miete enthalten waren Wasser, Kanal, Müllabfuhr, Versicherungen usw.

Als wir unser Haus an der Johannesstraße 78 im Rahmen des Großbau-Projektes aufgebaut hatten, erhielten wir darin eine Wohnung für uns, die anderen wurden an »sozial Berechtigte« vergeben. »Sozial Berechtigte« waren nicht solche Leute, die über wenig Geld verfügten, sondern Familien mit Kindern, die zum Beispiel ihre Wohnung im Krieg verloren hatten und nun irgendwo bei fremden Leuten in einem Zimmer hausten. Die Wohnungen in unserem Haus hatten 50 Quadratmeter. Familie Krichel, die mit zwei Kindern im Parterre einzog, erhielt dazu noch ein Mansardenzimmer. Wäre unsere Wohnung auf der ersten Etage zehn Quadratmeter größer gewesen, hätte man meine Frau und mich nicht einziehen lassen: Verschwendung von Wohnraum hätte man das genannt.

Die Behörde, die das Bauprojekt koordinierte, rechnete genau aus, wie viel Miete für die Wohnung erhoben werden durfte. Das heißt, ein Badezimmer durfte zum Beispiel nicht gekachelt werden, damit die Wohnung billig blieb und die Miete nicht durch den höheren Standard dieser Wohnung für »sozial Berechtigte« in die Höhe getrieben wurde. Selbst wenn wir es gewollt hätten, wäre es nicht finanziert worden. Eine Steckdose pro Raum war vorgesehen. Es gab auch keine Heizungen in den Woh-

Die Johannesstraße 78 um 1946/47. Auf diesem Grundstück entstand das Liermann'sche Haus mit drei von 362 Wohnungen, die im Rahmen eines städtischen Großbau-Projektes 1954/55 errichtet wurden.

nungen, weil sie mit Kohle- oder Brikettöfen beheizt werden sollten.

Alfred Liermann
Prokurist, Jahrgang 1926

Mit gutem Stoff zum Schneider zu gehen und sich ein Kleidungsstück nähen zu lassen, war in den 50er-Jahren viel günstiger, als ein Teil von gleich guter Qualität im Geschäft zu kaufen. Ich erhielt Stoff von meinem Onkel, der in der Tuchfabrik Rheinland – vorher Fritz Cohn – an der Krefelder Straße beschäftigt war, und ließ mir oft etwas nähen. Ich kann mich nicht erinnern, in dieser Zeit jemals Bekleidung im Geschäft gekauft zu haben. Kleider, Nachthemden und Blusen wurden selbst genäht oder bei der Schnei-

Blick auf den Turm der Christuskirche am Kapuzinerplatz. Auf dem Schild steht „Wiederaufbau! Geschäftslokale mit Lager/ mehrere Etagenwohnungen/ Interessenten gesucht, die sich mit Baukostenzuschüssen und 7c-Geldern beteiligen. Auskunft: Wirtschaft Giesen, Blumenbergerstraße."

von der Stadt übernommen, die Kosten verrechnet. Für die Unterhaltung der Straße mussten wir Anwohner selbst sorgen: Die Kosten für die Straßenbeleuchtung wurden jährlich umgelegt und am Samstagmittag traf man sich beim Fegen auf der Straße.
Heinz Habrich
Lehrer, Jahrgang 1926

derin in Auftrag gegeben, Pullis selbst gestrickt.
Gertrud Eckert
Zahnarzthelferin, Jahrgang 1929

Mit der Geburt unseres dritten Kindes am 1. Januar 1959 wuchs der Wunsch nach mehr Wohnraum außerhalb der Stadtmitte und einem Garten. Die Firma Scharmann projektierte damals ein Bauvorhaben mit 26 Einfamilienhäusern am Rheydter Wasserturm. Es war für uns schon ein gewaltiger Kraftakt, wenn auch die damalige Bausumme von 70.000 Mark heute zur Erheiterung Anlass gibt. Am 25. Oktober 1960 bezogen wir unser Haus an der Rhönstraße. Um überhaupt bauen zu können, hatten die Bewohner die Straße auf eigene Rechnung ausbauen lassen. Nach fünf Jahren wurde sie

6. Arbeitsleben

Aus der Sicht einiger Zeitzeugen scheint die Arbeit früher stärker als heute mit der Familientradition verknüpft zu sein. Eine Tochter übernahm das Schuhgeschäft, ein Sohn die Fleischgroßhandlung der Eltern. Das Bestattungsunternehmen oder den väterlichen Textilbetrieb hatten bereits der Großvater oder sogar dessen Vater gegründet. Das gab Sicherheit, schuf Identität und Kontinuität. Daneben gibt es auch die, die den Sprung ins Ungewisse wagten und sich beruflich mutig noch einmal ganz umorientierten, nunmehr ihren Neigungen folgend, nachdem die Verhältnisse nach dem Krieg vielleicht eine ungeliebte Tätigkeit als einzig mögliche vorgegeben hatten.

Geschäfts-Korrespondenz der Firma H. Mühlen mit dem Möbelfabrik u. Dekorationsgeschäft Franz Lièvre, das ebenfalls in Mönchengaldbach ansässig war, vom 22. Oktober 1898.

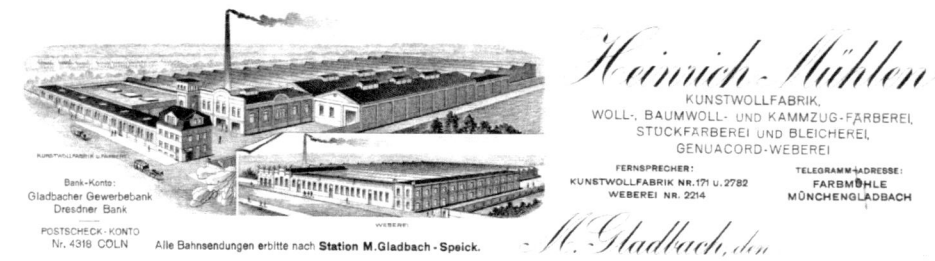

Ein ehemaliger Briefkopf der 1896 gegründeten Firma Heinrich Mühlen.

In meiner Familie wurde seit Generationen Fleischhandel betrieben. Mein Urgroßvater, geb. 1841, hatte angefangen, mit Vieh zu handeln und führte eine Metzgerei auf der Oststraße, nahe der Johannesstraße. Montags früh machte er sich auf den Weg zu einem Bauern in Richtung Erkelenz, kaufte dort eine Kuh und ging mit ihr zu Fuß wieder zurück. Unterwegs traf der Urgroßvater vielleicht irgendeinen Metzger, dem er die Kuh mit Gewinn verkaufte. Dann marschierte er wieder zurück nach Erkelenz und war auf diese Weise bis donnerstagabends unterwegs. Die Nächte verbrachte er bei einem Bauern in der Scheune. Während seiner Abwesenheit musste die Metzgerei auf der Oststraße aber nicht weiter geführt werden, denn es gab noch keine Kühlmöglichkeiten. So war das Geschäft nur samstags geöffnet. Freitags kehrte der Urgroßvater mit einer Kuh nach Hause zurück, die dann geschlachtet wurde. Am nächsten Tag konnte »grünes Fleisch« verkauft werden. »Grün« nannte man es, weil es nicht gekühlt war. Diese Fleischstücke waren natürlich hart wie Leder. Damals waren die Leute eben

nicht sehr verwöhnt. Gewurstet wurde bei meinem Urgroßvater noch gar nicht, weil entsprechende Maschinen fehlten.

Der Nachfolger – mein Großvater – der sich um 1899/1900 selbstständig gemacht hatte, besaß schon dampfbetriebene Maschinen mit Lederriemenantrieb und fabrizierte zwei, drei Wurstsorten. Einen Viehmarkt gab es damals in Gladbach noch nicht. Daher fuhr mein Großvater montagmorgens um vier Uhr mit dem Zug zum Viehmarkt nach Düsseldorf, um dort Tiere einzukaufen. Zurück ging es zu Fuß. Eine Blutwurst und ein Stück Brot mussten als Wegzehrung genügen. In der Kneipe bei Vierwinden in Grevenbroich machte Großvater Rast und trank ein Bierchen. Fünf, sechs Stunden brauchte er insgesamt für den Rückweg, nachmittags war er wieder zu Hause. Mein Vater ist ebenfalls noch über viele Jahre mit drei, vier oder fünf Kühen am Strick von Düsseldorf zu Fuß zurück zur Oststraße nach Mönchengladbach marschiert.

Das Haus mit der Metzgerei meines Urgroßvaters wurde im Zweiten Weltkrieg ausgebombt. Mein Vater

baute es später als Wohnhaus wieder auf. Auf dem Gartengrundstück daneben errichteten wir 1968 wieder eine Metzgerei, die noch heute dort steht. Daneben befand sich früher der Frisör Marke bzw. die Wäscherei Esser.
Wilhelm Rosen
Fleischermeister u. Kaufmann,
Jahrgang 1939

Mein Großvater Heinrich gründete die Firma Mühlen 1896 auf der Hehner Straße 85. Er hatte eine Textilausrüstung, das heißt: Die Stoffe wurden hier gefärbt, geschmeidig gemacht usw. Einer der drei Söhne, mein Vater Martin, führte den Betrieb Anfang der 30er-Jahre weiter. Er schaffte Reißmaschinen an, die Lumpen »rissen« und wieder zu Fasern machten. Mein Vater wurde immer wieder aufgefordert, Parteigenosse zu werden, wurde es aber nie. Deshalb hatte er als Unternehmer große Schwierigkeiten. Wenn man im »Dritten Reich« zum Beispiel Maschinen kaufen wollte, musste dieser Ankauf vom entsprechenden Ministerium in Berlin genehmigt werden. Bei den Nazis gab es ja eine Planwirtschaft. Auch Rohstoffe wurden damals zugeteilt. Das war für meinen Vater ebenfalls problematisch. Absatzschwierigkeiten bestanden während des Kriegs allerdings keine. Im Gegenteil – die Ware war gefragt. Nach dem Krieg waren wir einer der ersten Betriebe, die von den Engländern eine Permit-Nummer bekamen, weil mein Vater nie Parteigenosse gewesen war. Das hieß, die Firma M. Mühlen durfte wieder anfangen.
Rolf Mühlen,
Textil-Ingenieur, Jahrgang 1930

Meine Eltern hatten ein Schuhgeschäft. Schon der Großvater väterlicherseits hatte in Giesenkirchen eines geführt. Unser Rheydter Geschäft ist 1911 bei der Hochzeit meiner Eltern gegründet worden, das Geschäft in Mönchengladbach existiert etwa seit 1938, glaube ich. An der Hindenburgstraße gab es eine Salamanderfiliale und wir zogen das große Los, indem sie uns diese Filiale übergaben. Salamander spielte damals eine große Rolle.

Nach meinem Abitur am Rheydter Mädchengymnasium an der Pestalozzistraße wurde ich abkommandiert ins Geschäft. Ich durfte nicht studieren, dabei wollte ich unbedingt Ärztin werden. Aber wie das so ist bei selbstständigen Geschäftsleuten: Von uns vieren – drei Töchter und ein Sohn – war ich die Begabteste und musste antreten. Ich weinte drei Wochen lang Tag und Nacht. Aber meine Eltern sagten: »Wenn du es nicht tust, wird das Geschäft geschlossen. Dann hat die ganze Familie später keine Existenz mehr!«
Gerda Wintzen
Unternehmerin, Jahrgang 1913

Ich hatte zwei Freunde in Rheydt: Der eine blies Flöte, ich selbst spielte Geige und der andere war ein guter Klavierspieler. Mit dem Pianisten hatte ich mir schon ausgemalt, dass wir Militärmusiker würden. Mein bisheriger beruflicher Weg war ja durch die kurze Lehrzeit von nur einem halben Jahr und die sofortige Einberufung zum Reichsarbeitsdienst verpfuscht. Ich plante deshalb, beim Militär die Musikerlaufbahn einzuschlagen und später in Berlin ein Studium zum Musikmeister zu absolvieren. Damit hätte ich zwar nicht den Status eines Offiziers, aber den eines Beamten erlangt. Als Soldat hatte ich keine besonderen Ambitionen. Für mich war

Norbert Goertz 1948 als Vermessungsinspektor-Anwärter.

Alfred Liermann um 1949, als junger Mann von etwa 23 Jahren.

es eine Möglichkeit, beruflich wei-
terzukommen, was leider durch den
Krieg zunichte gemacht wurde.
Helmut Vits
Elektrotechniker, Jahrgang 1915

Ich wollte Ingenieur werden, nach dem
Willen meines Vaters sollte ich aber
die Beamtenlaufbahn einschlagen.
Mit der Berufswahl zum Ingenieur für
Vermessungstechnik einigten wir uns
schließlich auf einen Beruf, in dem
ich sowohl Beamter als auch Ingenieur werden konnte. Ich begann meine
Ausbildung 1942 als Vermessungsvo-
lontär beim Kulturamt auf der Croonsallee 40. Diese Praktikantenzeit war
abzuleisten als Grundlage für die Aufnahme in die Staatsbauschule.
Norbert Goertz
Dipl.-Ing. FH Vermessung,
Jahrgang 1925

Mein Vater fragte einen Bekannten,
den Inhaber der Druckerei Heinrich
Lapp, Herrn Eckhardt, ob er mich nicht
einstellen könne. Herr Eckhardt hatte
zusätzlich noch ein anderes Unternehmen aufgebaut, Hela, das sich heute
noch neben der »Rheinischen Post« an
der Lüpertzenderstraße befindet. Hela
war eine Büroorganisationsfirma, die
Buchhaltungsjournale verkaufte. In
diese 1945 eröffnete Firma kam ich als
ungelernter junger Mann. So wanderte ich in das Berufsleben hinein. Nach
kurzer Zeit fragte Herr Eckhardt mich,
ob ich nicht zu ihm in die Druckerei
Lapp zur Viersener Straße 62 kommen wolle. Zu dieser Zeit wurde bei
Lapp die »Amtsschelle« gedruckt, die
»Amtlichen M. Gladbacher Mitteilungen«, herausgegeben vom Presseamt
der Stadt mit Genehmigung der Alliierten Militärregierung. Die erste Ausga-

be erschien am 15. Juli 1945 und war in englischer und deutscher Sprache abgefasst.

1949 fing ich in der Firma Schagen & Eschen mit einem Gehalt von 330 Mark Brutto an. Ich war 23 Jahre alt. Nach fünf Jahren bekam ich schon Prokura. Damals wechselten die Leute sehr schnell ihre Arbeitsstelle, wenn es anderswo eine oder zwei Mark mehr die Stunde gab. Ich blieb bei Schagen & Eschen bis zu meiner Pensionierung.
Alfred Liermann
Prokurist, Jahrgang 1926

Vater führte das Beerdigungsinstitut, die Sargfabrikation und den Rheydter Modellbaubetrieb. Ich sollte Handwerker werden und den elterlichen Betrieb übernehmen. So geschah es. Später machte ich mich mit einem eigenen Modellbaubetrieb selbststän-

dig. Meine Eltern kümmerten sich um die Bestattungen, ich um den Modellbau.

Früher gab es Pferd und Wagen für Beerdigungen und Hochzeiten. Wir hatten von 1925 bis 1975 eine eigene Sargfabrikation und ein großes Lager. Die Kutsche stellte eine andere Firma. Damals staffierte man bei Trauerfällen die Zimmer mit schwarzen Tüchern aus und bahrte den Verstorbenen in der Wohnung auf. Mit Pferd und Wagen geleitete man den Sarg zum Friedhof.

Als die Straßen im Krieg zerstört waren, schafften wir uns Handkarren an und fuhren um die Bombentrichter herum. Mein Vater nahm von einem liegen gebliebenen Panzerwagen die Gummiummantelung der Ketten-Führungsräder ab und montierte sie auf die Räder eines Leichenwagens, damit wir auf Vollgummi fuhren. Reifen mit

Preis 20 Pfg.

Die Amtsschelle
Amtliche M.Gladbacher Mitteilungen

Herausgegeben mit Genehmigung der Alliierten Militärregierung vom Presseamt der Stadt M.Gladbach

Nummer **1**   M.Gladbach, den 15. Juli 1945   Erscheint wöchentlich

As leader!

The ice is broken! The wall of silence which devided so far the population from the municipality has been thrust and all official publications and orders can be brought to public knowledge by the "AMTSSCHELLE". This is the more rejoiceful as now the city auhtorities can inform the public of their intentions, and also isguiding rumours çan be turned down. That is the way to get on! Step by step! And if the population is reasonable, ready for help and well disciplined we shall — by and by— get on again.
I request every man & every woman for help to obtain this end as it is for our mutual cause!

signed: *Elfes.*
Oberburgomaster.

Zum Geleit!

Nun ist die Wand durchstossen, die Wand des Schweigens, die die Stadtverwaltung von der Bevölkerung getrennt hat; denn jetzt können amtliche Bekanntmachungen und Mitteilungen durch die "Amtsschelle" zur allgemeinen Kenntnis gebracht werden. Das ist in zwiefacher Hinsicht erfreulich: die Öffentlichkeit erfährt, was die Stadtverwaltung will und den verwirrenden Gerüchten kann entgegengewirkt werden. So kommen wir weiter, Schritt um Schritt, und wenn die Bevölkerung sich verständig zeigt, hilfsbereit und diszipliniert, dann wird es langsam auch wieder aufwärts gehen. Ich bitte jeden Mann und jede Frau, dabei behilflich zu sein; denn es geht ja um unsere gemeinsame Sache.

Elfes. Oberbürgermeister

Ausgabe der „Amtsschelle" vom 15. Juli 1945 (siehe auch Seite 100).

Gummi und Schlauch darin gab es nicht, so etwas war alles eingezogen. Nach der Währungsreform wurden Überführungswagen gebaut.

Harald Frentzen
Bestattungsunternehmer, Jahrgang 1930

Meine Eltern führten einen Gaststättenbetrieb an der Hehner Straße 56. Geöffnet war täglich, nur montags hatten wir Ruhetag. Mein Vater hatte die Gaststätte »Haus Uebach« schon von seinen Eltern übernommen. Wenn ich von der Schule nach Hause kam, musste ich in unserer Gaststätte am Büfett arbeiten, weil so viel zu tun war. Früher gab es bei uns keine warme Küche. Gut, die Leute von der Kegelbahn wollten natürlich eine Kleinigkeit essen. Es gab selbst gemachten Kartoffelsalat mit Würstchen, Käseschnittchen und Russen-Ei – das war's. Meine Mutter bediente mit und außerdem half uns ein Dienstmädchen, das auf der zweiten Etage ein Zimmer bewohnte.

Eine Gaststätte zu führen, ist kein leichter Beruf. Tät' ich heute auch nicht mehr. Ich war da hinein geboren und musste bleiben, ob ich wollte oder nicht. Dabei hatte ich so ein gutes Zeugnis. Aber mein Vater wollte, dass ich zu Hause blieb und die Gaststätte weiterführte. Es hat mir überhaupt keinen Spaß gemacht. Privatleben hatten wir keines. Auch als ich später mit meiner Mutter und meinem zweiten Mann die Gaststätte führte, konnte in der Stadt los sein, was wollte, ich kam nirgendwo hin. Noch nie im Leben war ich an einem Karnevalstag unterwegs.

Wir machten vormittags um zehn Uhr auf. Bis abends blieb die Gaststätte durchgehend geöffnet. Von 20 bis 23 Uhr wurde noch gekegelt und „getuppt". Die Lehrer hatten einen bestimmten Abend zum Kegeln, die Bäcker einen anderen, die Metzger wieder einen anderen. So waren sie alle sortiert.

Lisbeth Maahsen
Gastwirtin, Jahrgang 1913

Eine Beerdigungskutsche, wie sie vor und während des Kriegs eingesetzt wurde.

Die 1908 erbaute Gaststätte »Haus Uebach« an der Hehner Straße 56 im Jahre 1958.

Ich hatte ein Fotogeschäft in Krefeld-Fischeln. Als ich davon hörte, dass in Mönchengladbach zwischen Rheindahlen und Hardt 1952 ein englisches Hauptquartier gebaut werden sollte, fuhr ich hin und schaute mich um. Ich sah, dass deutsche Läden errichtet wurden. Ein ganzer Block mit Ladenlokalen war im Bau. Man wollte damit den künftigen Bewohnern des Hauptquartiers ein größeres Angebot an verschiedenen Branchen bieten: Frisör-, Spielwaren- und Blumenläden sollten entstehen. Es gab eine Post, ein Lufthansa-Büro, Tankstellen. Hier kann ein Fotoladen auch etwas werden, dachte ich mir. Ich betrat den erstbesten Laden an der Marlborough Road und erkundigte mich nach den Konditionen. Dann erhielt ich eine Lizenz und unterschrieb beim Makler Bläser auf der Viersener Straße einen Mietvertrag.

Für mich war das eine tolle Herausforderung. Am 11. November 1954 eröffneten wir den Laden, der anfangs eigentlich aus einer großen Theke bestand. Die Fenster dekorierten wir vorwiegend mit Attrappen. Gleich am ersten Tag kamen englische Kunden herein und fragten, ob wir Filme entwickelten. Ja, fertig bis morgen Abend fünf Uhr, versprachen wir. Wir schafften es natürlich nicht, weil wir am Ende des Tages einen Waschkorb voller Filme zu entwickeln hatten. Wir arbeiteten Tag und Nacht. Aber nach einigen Wochen ging das nicht mehr. Ich holte einen ehemaligen Kollegen dazu, der mitarbeitete. Wir hatten niemals mit diesem großen Geschäftsumfang gerechnet. Ich machte so tolle Umsätze, auch durch den guten Kameraverkauf, dass wir noch mehr Personal einstellen mussten. Mithilfe der Agfa AG bauten wir das Fotolabor

Johannes Riskes Fotogeschäft in der Marlborough Road im englischen Hauptquartier in den 60er-Jahren.

mit den neuesten technischen Geräten aus. 1963 zogen wir von Krefeld weg in unser neues Haus nach Mönchengladbach-Rheindahlen.

Die englische Kundschaft war sehr angenehm, höflich, gentlemanlike. Voraussetzung für das gute Geschäftsklima war natürlich, dass wir gut Englisch sprachen. Manchmal, wenn viel zu tun war und wir ins Hintertreffen gerieten, standen die Leute in Zweierreihen nebeneinander draußen vor dem Laden und warteten geduldig. Die Engländer zeigten eine unglaubliche Toleranz, sich auf einfachste Verhältnisse einzustellen. In den 70er-Jahren kam einmal der höchste HQ-General in unseren Laden, stellte sich vor und fragte, ob ich bitte Passfotos anfertigen könne. Er nahm ganz selbstverständlich auf dem Hocker Platz und ließ sich ablichten. Danach verabschiedete er sich mit Handschlag.

Einmal hatte ich eine ganze Kompanie fotografiert. Die Fotos waren abgeholt, aber über längere Zeit nicht bezahlt worden. Nach einer Weile sprach ich deswegen einen höheren Offizier an. Er sorgte dafür, dass die Rechnung umgehend beglichen wurde. Einige Zeit später marschierte eine Gruppe Soldaten in erster Garnitur mit Standarte hochoffiziell in unseren Laden an der Marlborough Road herein. Was ist denn nun los, dachte ich. Sie erkundigten sich, ob die Rechnung bezahlt sei. Mir fiel ein Stein vom Herzen und ich bedankte mich.
Johannes Riskes
Kaufmann u. Lehrer, Jahrgang 1928

Als ich Zahnarzthelferin bei Dr. Peter Schumacher auf der Roermonder Straße 24 war, absolvierte Frau Dr. Wilhelmine Sprothen ihre Assistenzzeit bei uns. Wir freundeten uns an und ich half später in ihrer Praxis in Hehn aus. Sie

arbeitete zunächst noch mit einer Tret-
bohrmaschine, die ihr Dr. Schumacher
zu ihrer Praxiseröffnung geschenkt hatte. Während Frau Dr. Sprothen Patien-
ten behandelte, musste sie den Bohrer
durch Treten mit dem Fuß selbst antrei-
ben, wenn ihr niemand assistierte.
Gertrud Eckert
Zahnarzthelferin, Jahrgang 1929

Mönchengladbach war das rheinische
Manchester. Hier gab es viele Spinnereien, die unsere Fasern weiterverar-
beiteten. Unser textilverarbeitender
Betrieb M. Mühlen hatte allein in Mönchengladbach-Rheydt, Jüchen, Wickrath und Giesenkirchen etwa fünfzehn
Kunden, die aus unseren Fasern Garn
machten. Die Spinnereien verkauften
das fertige Garn an Weber weiter, die
hier ansässig waren. Sie webten Stoffe
daraus. Diese Stoffe mussten wiederum veredelt und gefärbt werden. Zu
diesem Zweck gingen sie zu den so
genannten Ausrüstern, wo der letzte
Produktionsgang ablief. Es gab damals
mehr als zehn Ausrüster in Mönchengladbach.
Rolf Mühlen
Textil-Ingenieur, Jahrgang 1930

Die Zahnarzthelferin Gertrud Geelen (rechts), verh.
Eckert, und die Zahnärztin Dr. Wilhelmine Sprothen.

Als ich 1961 in den Fleischgroßhandel meines Vaters einstieg, gab es hier
in Mönchengladbach acht oder neun
Fleischgroßhändler. Auf der Lürriper
Straße, wo heute die Firma Roller
ist, befand sich damals der Lebend-
viehmarkt, im Anschluss daran der
Schlachthof. Darin gab es eine Riesen-
halle, wo Großhändler und Metzger
einen Stand mit entsprechenden Büros
dahinter mieten konnten.

Die Bauern beschickten den Lebend-
viehmarkt entweder selbst oder – in
den meisten Fällen – über einen Händler, darunter auch Juden, die noch nach

dem Krieg hier auftraten. Der Viehhan-
del war eben ihr Metier. Die Händler
trafen hier auf Fleischgroßhändler und
Metzger, die ihr Vieh kauften. Damals
herrschte ein reges Treiben. Für eine
Stadt wie Mönchengladbach war der
Viehmarkt relativ groß. Aus dem ganzen Hinterland bis weit in den Heins-
berger Raum hinein und aus Richtung
Wesel und Kleve kamen die Leute zum
Viehmarkt nach Gladbach.

Die Rheydter hatten einen Schlachthof in der Eickesmühle an der
Schlachthofstraße, heute ein denkmal-
geschütz- tes Industriegelände. Dort

Der Schlachthof in der Lürriper Straße um 1925. Quelle: Stadtarchiv MG 10/4473.

gab es allerdings keinen Viehmarkt. Sie kamen also auch zum Viehmarkt nach Gladbach, kauften dort ihr Vieh und nahmen es zum Schlachten mit nach Rheydt.

Dass der Schlachthof verkauft wurde, war für meine Familie eine Katastrophe. Er war unsere Existenzgrund- lage gewesen. 40 Jahre lang hatten meine Eltern dort ihr Geschäft. Dann veräußerte die Stadt das Gelände an einen Herrn Holtschneider aus Anrath, der darauf 1968 das »Super-Magazin« baute, den ersten Supermarkt in Mönchengladbach. Zunächst fiel dadurch nur der Viehmarkt weg, der Schlachthof existierte noch. Aber nicht mehr lange. Kurze Zeit später wurde auch der Schlachthof an denselben Herrn veräußert. Die Fleischer-Innung Mönchengladbach, darunter auch

meine Eltern, hatte das Grundstück erwerben wollen und bot der Stadt einen zweistelligen Millionenbetrag dafür. Verkauft worden ist es für einen Betrag weit darunter. Den Fleischgroßmarkt wollten damals die Fleischgroßhändler kaufen und boten eine entsprechende Summe. Das Geschäft kam aber nie zu Stande. Somit war hunderten von Menschen die Existenzgrundlage entzogen. Firmen, Arbeiter, Gesellen, Gehilfen, Fahrer und andere verloren ihr Betätigungsfeld. Der Schlachthof und der Fleischgroßhandel waren vorher ein richtiger Industriezweig und ein Anziehungspunkt in Mönchengladbach gewesen. Begründet wurde der Verkauf damit, dass es sich um ein Wohngebiet handele und man Viehmarkt und Schlachthof nicht länger dulden könne. Das war natürlich

Quatsch! Denn Privatleute waren gar nicht betroffen. Hinter dem Schlachthof befand sich der Güterbahnhof, womit von dieser Seite her keiner gestört werden konnte. Die andere Seite war mit der Fabrik C. O. Langen und einem Mädchenwohnheim dünn besiedelt. Auf dem Gelände an der Breitenbachstraße lag früher Opel Hagmann, an der Ecke Lürriper und Breitenbachstraße sind dann Neubauten entstanden, in denen der städtische Fuhrpark untergebracht war.
Wilhelm Rosen
Fleischermeister, Jahrgang 1939

Während meiner Tätigkeit in Yilmaz Kefelis türkischer Import-Export-Firma auf der Neusser Straße verbesserte ich meine deutschen Sprachkenntnisse immer weiter. Da hörte ich, dass ein Lehrer für türkische Kinder gesucht wurde. In deutscher Sprache stellte ich mich beim Schulamt vor. Es gab damals 14 Bewerber. Später erhielt ich Bescheid, dass ich am 13. November 1971 zur Hauptschule Aachener Straße gehen solle und dort als Lehrer anfangen könne. Ich freute mich. Meine deutschen Kollegen nahmen mich sehr gut auf. Sie unterstützten mich in vielen Bereichen und ich konn-

Lehrer Bedi Mungan im Dezember 1986 mit Schülern der Katholischen Grundschule Alsstraße.

te mich ihnen schnell anschließen. Nach meiner Zeit an der Schule Aachener Straße unterrichtete ich an der Alsstraße, an der Schule auf der Engelblecker Straße und an der Roonstraße als Lehrer für muttersprachlichen Ergänzungsunterricht. Die türkischen Kinder nahmen am normalen Unterricht teil und erhielten dazu diesen muttersprachlichen Ergänzungsunterricht. Sie sollten vorbereitet werden, um später besser in normale Klassen integriert werden zu können. Das war meine Aufgabe.

Als die Anzahl der türkischen Kinder an den einzelnen Schulen anstieg, pendelte ich zwischen drei oder vier Schulen hin und her. Ich arbeitete fast 30 Jahre als Lehrer in Mönchengladbach. Nachdem ich eine Weiterbildung an der Sportschule Hennef absolviert hatte, gab ich neben dem Türkisch-Unterricht auch Sportunterricht.

Die Stadt Mönchengladbach und der deutsche Staat – vor allem Nordrhein-Westfalen – haben viel getan für die Integration ausländischer Kinder. Der Bedarf war groß und er wurde abgedeckt durch ausländische Lehrer.

Ich war als einer der ersten männlichen türkischen Lehrer in Mönchengladbach eingestellt worden. Der erste Kollege überhaupt hatte erst drei Monate vor mir angefangen. In den frühen 70er-Jahren gab es etwa 26, 27 türkische Lehrer in Mönchengladbach-Rheydt. Heute sind nur noch fünf oder sechs übrig geblieben. Wir ausländischen Lehrer sind vom Land Nordrhein-Westfalen eingestellt und genau so behandelt worden wie deutsche Lehrer, auch was die Besoldung anbetraf.

Ich bin sehr schnell mit der deutschen Bevölkerung in Kontakt gekommen. Erstens weil ich schnell die Sprache gelernt habe, zweitens durch meine geschäftliche Tätigkeit in einem Reisebüro und später in der Schule durch die Kolleginnen und Kollegen. Gemeinsam unternahmen wir Ausflüge, wir gingen zusammen Kaffee trinken oder abends ein Bierchen.

Bedi Mungan
Lehrer, Jahrgang 1937

*

Hühnerhalter, Achtung!

Die **Hühnerhalter** werden erneut und dringend auf die Eierablieferungspflicht hingewiesen. Die festgesetzte erste Rate von 18 **Eiern** muß bis 31. 3. 1946 bei den zuständigen Eiersammelstellen **abgeliefert** sein. Bei Nichterfüllung erfolgt eine empfindliche Bestrafung der säumigen Geflügelhalter.

„Runter von den Trittbrettern!"
Mahnung der Straßenbahn und Polizei

Eierabgabe nur in der vorgeschriebenen Weise.

Nach einer Verfügung der Militärregierung und des Oberpräsidenten der Nordrheinprovinz (II/5 246) ist es **verboten**, Eier an **englische Besatzungstruppen** abzugeben.

Keine Skimützen!

Die Bevölkerung wird darauf aufmerksam gemacht, daß laut Anordnung der Militärregierung Zivilmützen in der Art von Skimützen, gleich welcher Farbe, **nicht** mehr getragen werden dürfen!

aus „Amtsschelle" Nr. 76 (21.12.1946), Nr. 35 (9.3.1946) und Nr.17 (3.11.1945)

7. Freizeit: Unterhaltung – Kultur – Sport

In der Sparte Freizeit hat unser Mönchengladbach neben Künstlern und Rennfahrern von Weltrang sowie dem Mythos Borussia so manche sicher einzigartige Merkwürdigkeit zu bieten: Zum Beispiel den erstmals im Karneval 1937 vernommenen Ruf »Halt Pohl«, die wechselvolle Geschichte der Skulptur »Sonnensucher« im Bunten Garten, Goethe und Schiller auf Türkisch in der Rheydter Stadtbücherei und einen völlig vom Winde verwehten 1. Flugtag an der Niersbrücke im Jahre 1983.

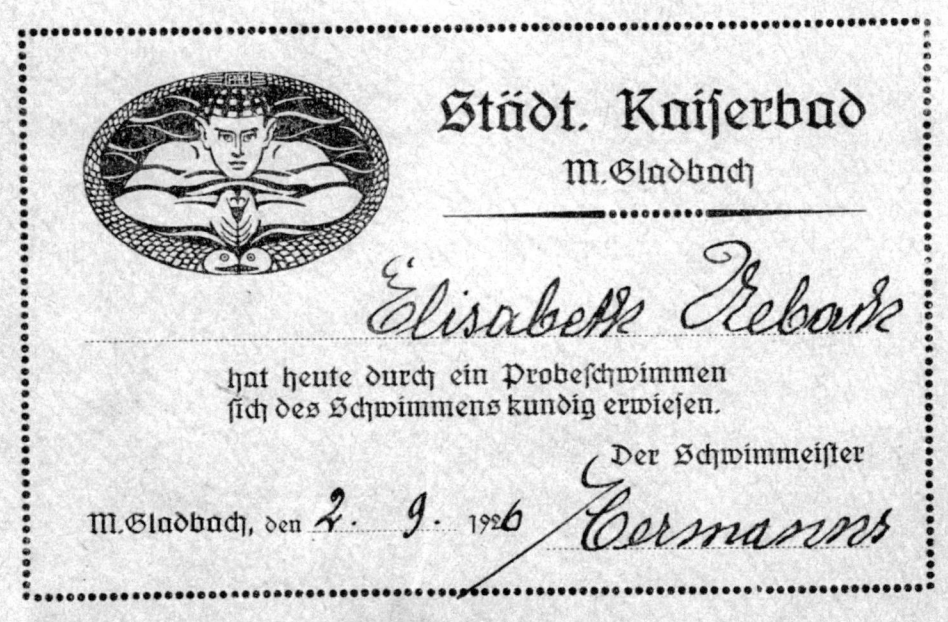

Am 2. September 1926 erwies sich Lisbeth Uebach, verh. Maahsen, im Städtischen Kaiserbad als „des Schwimmens kundig", wie es in ihrem Schwimmausweis heißt.

Wenn in den 20er-Jahren auf dem Geroplatz Kirmes war, gab es eine Schiffsschaukel, ein Kettenkarussell und ein paar Buden. Das war alles. Mittags gingen wir nach Schulschluss von der Marienschule aus am Münster die Treppen herunter zum Geroweiher. Alle liefen zur Schiffsschaukel. Nur ich nicht, ich musste mich immer direkt übergeben. Was tat ich? Die Mitschülerinnen legten ihre Schultaschen um mich herum und ich musste aufpassen, dass sie nicht geklaut wurden, während die Mädchen auf der Schiffsschaukel waren. Am Ende hatte keine mehr einen Pfennig Geld außer mir. Da waren sie immer wütend auf mich.
Lisbeth Maahsen
Gastwirtin, Jahrgang 1913

Im Haus mit der Gaststätte »Herx« am Bour mit Blick in Richtung Hindenburg- und Alsstraße wohnten meine Großeltern auf der zweiten Etage.

Unten war das »Kapitol«-Kino. Vom Fenster meiner Großeltern aus konnten meine Schwester und ich immer den Karnevalszug mitverfolgen. 1937 war eine Gruppe alter Germanen mit Bärenhäuten dabei. Den Ruf »Halt Pohl« hörte man erstmals in diesem Jahr. Damals gab es schon sehr schöne Wagen. Ihre jeweiligen Themen diskutierten wir später im Unterricht.
Norbert Goertz
Dipl.-Ing. FH, Jahrgang 1925

Als junges Mädchen war ich dreimal die Woche im Kaiserbad. Ich traf mich mit meiner Freundin Hanni mit dem Fahrrad und dann fuhren wir los. In einer kleinen Bäckerei auf der Friedrichstraße kauften wir uns Teilchen. Die nahmen wir mit ins Schwimmbad, weil wir uns dort lange aufhielten. Eines Tages saß ich mit meiner Tüte am Beckenrand und futterte mein Teilchen. Da kam der Herr Herrmans, der

Das Kaiserbad in der Viktoriastraße 12, um 1900. Quelle: Stadtarchiv MG 10/4050

Bademeister, mit der langen Stange und schlug mir damit auf den Kopf: »Sofort die Tüte weg!« Ich musste nach Hause fahren. Zwei Tage später war ich wieder da.
Lisbeth Maahsen
Gastwirtin, Jahrgang 1913

In den 50er-Jahren teilte sich einer meiner Kollegen einen VW Käfer mit einem Zahnarzt. Dem Zahnarzt ging es immer besser und er kaufte sich wohl ein eigenes Auto. Nun stieg ich in den Vertrag ein und übernahm die frei gewordene Hälfte. Alles wurde schriftlich festgelegt: Montags, mittwochs und freitags fuhr der eine, dienstags, donnerstags und am Wochenende der andere. Man wechselte sich ab. Übers Tanken wurde Buch geführt. Durch das gemeinsame Auto sind meine Frau und ich schon 1952 nach Italien gekommen. Am Wochenende machten wir viele Ausflüge in die Umgebung, fuhren in den Hardter Wald, an die Schwalm oder nach Dahlheim.
Alfred Liermann,
Prokurist, Jahrgang 1926

Mit Freunden traf ich mich sonntags schon mal oben auf dem Alten Markt. Wir gingen essen im Hotel »Oberstadt«. Sie hatten dort immer so tolle Frühlingssuppen und Rindfleischsuppe mit Einlage – das war herrlich!
Lisbeth Maahsen
Gastwirtin, Jahrgang 1913

Bei der Gründung der Großen Karnevalsgesellschaft Roer möt MG-Lürrip 1950 e.V. wirkte ich mit. Unsere Treffen fanden im Saal der Gaststätte »Schnaß« an der Neusser Straße gegenüber der Lürriper Kirche statt. Den Schlachtruf unserer Gesellschaft

Ein BMW Baujahr 1927 mit 800 ccm Hubraum. Die Buchstaben „BR" auf dem Nummernschild stehen für „Britische Zone Rheinland". Diese Unterscheidung nach Sektoren wurde 1948 eingeführt und hatte bis 1956 Bestand. Auf dem Rücksitz: Rita Riskes mit Baby Jochen, etwa 1953.

»Roer möt« (Rühr' mit) verdankten wir dem Altmeister des Humors, Hans Rosellen. Noch fehlte der Büttenmarsch. Neben anderen stellte auch ich mich dieser Aufgabe und textete und komponierte. »En jede Wenkel, jede Hött, do roert man eifrig mit.« In der Nachbarschaft an der Zeppelinstraße hatte sich eine kleine Hauskapelle gebildet. Mit meiner Mandoline war ich mit von der Partie. Eines Abends versammelte man sich, um den besten Büttenmarsch zu wählen. Manch einer trug sein Werk vor. Wir kamen mit unserer Kapelle als Letzte an die Reihe. Es klappte aber vorzüglich und unser Büttenmarsch wurde angenommen. Als Preis erhielten wir eine Flasche Schnaps und eine Kiste Zigarren. Den Schnaps tranken wir danach in gemütlicher Runde. Für den Text und die Komposition des Marsches wurde mir später der Orden der Karnevalsgesellschaft verliehen.
Norbert Goertz
Dipl.-Ing. FH, Jahrgang 1925

Bereits in der Spielzeit 1946/47 konnten die Mönchengladbacher und Rheydter wieder die Operette „Die Csardasfürstin" hören.

Am Samstag, den 15. März 1952 fand um 20 Uhr in der Kaiser-Friedrich-Halle das 6. Symphoniekonzert des Städtischen Orchesters M.Gladbach-Krefeld statt.

Zigarettenautomaten führten wir in unserer Gaststätte erst nach dem Zweiten Weltkrieg ein. Vorher waren Zigaretten in kleinen Mengen, in Dreier- oder Zweierpackungen, erhältlich. Eckstein zum Beispiel, drei Stück kosteten einen Groschen. Wir verkauften drei Glas Bier für eine Mark, als wir 1948 wieder öffneten.
Lisbeth Maahsen
Gastwirtin, Jahrgang 1913

Dort wo heute das »Vitus-Center« ist, war früher das »Union-Theater«, ein Kino. Oben drüber gab es das »Café Wien«, wo meine Frau und ich in den 50er-Jahren poussierten und heftig Karneval feierten.
Rolf Mühlen
Textil-Ingenieur, Jahrgang 1930

Meine Frau und ich gingen immer gerne tanzen. Ins »Pam-Pam« zum Beispiel oder ins »Haus Baues«. Wir besuchten den Silvesterball in der Kaiser-Friedrich-Halle. Ins Kino gingen wir ebenfalls gerne. Nach Rheydt ins »Atlantis« oder in die »Schauburg« auf der Friedrichstraße. Das »Lux«-Kino auf der Humboldtstraße war 1970 noch kein Sex-Kino, sondern ein ganz normales Kino. Einmal in der Woche ging ich dorthin, weil immer samstags ein türkischer Film gezeigt wurde. Neben dem Kaufhof auf der Albertusstraße, wo heute die SEB Bank ist, gab es das »Residenz«-Kino, wo ebenfalls türkische Filme gezeigt wurden, so wie in Rheydt auf der Bahnhofstraße.
Bedi Mungan
Lehrer, Jahrgang 1937

Wenn es nach mir gegangen wäre, hätte ich schon mit sechs Jahren angefangen, Geige zu spielen. Aber »Das ist sowieso Quatsch!« und »Wozu?«, meinten meine Eltern. Mit zwölf Jahren war ich so weit, dass ich mit meiner Meinung auch ein bisschen durchdrang. Den ersten Geigenunterricht erhielt ich 1927 bei einem Kinomusiker, der in Venlo arbeitete. Damals wurden die Filme ja noch von Pianisten oder Violinisten musikalisch begleitet. Als der Tonfilm eingeführt wurde, kam er nach Mönchengladbach und machte Kaffeehausmusik oben im »Café Wien« an der Hindenburgstraße 170. Meine weitere Ausbildung erhielt ich in der städtisch subventionierten Musikschule Dr. Paul Nicolai an der Stresemannstraße in Rheydt, gegenüber Karstadt. Ich spielte als Solist bei einem Schülerkonzert im Kleinen Saal der Rheydter Stadthalle das G-Dur Konzert von Mozart mit Orchester. Nach dem Krieg, etwa Anfang 1947, gelang es mir, günstig eine Geige zu kaufen und ich musizierte wieder bei Dr. Nicolai im damals von ihm neu gegründeten Collegium musicum und im Orchesterverein Rheydt, einem etwa 28 Perso-

nen starken Salonorchester. Fünfzehn Jahre – bis etwa 1985 – leitete ich dieses Salonorchester. Das Collegium musicum war übrigens die Urzelle des heutigen Kammerorchesters der Musikschule. Noch heute spiele ich in diesem Kammerorchester an der Gladbacher Musikschule.
Helmut Vits
Elektrotechniker, Jahrgang 1915

1948/49 wurde der Mitarbeiter-Chor bei Schlafhorst gegründet, um bei Jubiläen den Geehrten eine Freude zu machen. Er war 60 Mann stark. Ich singe gerne und habe 50 Jahre als zweiter Tenor mitgesungen. Als Dirigenten bekamen wir den Musikdirektor Anraths, der zur Hitler-Zeit an den städtischen Bühnen beschäftigt war. Er durfte nach dem Krieg nicht mehr bei der Stadt tätig sein. So dirigierte er unseren Chor.
Josef Bahners
Maschinenschlosser, Jahrgang 1929

Meine Tante Anne Marie Stoll-Rommerskirchen [1909-1984, eine der bekanntesten Gladbacher Künstlerinnen. Anm. d. Autorin] war eine

Das Kammerorchester im Kleinen Saal der Stadthalle Rheydt im Jahre 1965. Auf dem dritten Stuhl von links sitzt Helmut Vits mit seiner Geige.

Anne Marie Stoll-Rommerskirchen im Jahre 1956.
Quelle: Stadtarchiv MG 10/48943

Schwester meiner Mutter. Ich bin
sozusagen bei ihr groß geworden.
Meine Eltern arbeiteten nach dem
Krieg beide und so wurde Tante Anne
Marie meine zweite Mutter. Ich war
nie alleine dort, sondern immer mit
sechs, sieben oder acht Kindern aus
dem Verwandten- und Bekannten-
kreis zusammen. Die Tante, die keine
eigenen Kinder hatte, lebte in einem
wunderschönen Atelier mit Dach-
garten an der Bismarckstraße 97-99,
wo heute das »BIS-Zentrum für offene Kulturarbeit« ist. Es war ein Para-
dies für uns Kinder. Wir saßen oft
im Kreis auf Kissen und sie erzählte
uns Märchen. Oder sie machte Spiele mit uns. Wir lernten auch viel bei
ihr, bastelten und malten. Für Kinder hatte sie einfach immer Zeit. Das
drückte sich in ihrer Arbeit aus: Sie
fertigte viele Kinderportraits an und
malte unsere Tochter Annette in Öl.
Das Thema Kind gestaltete sie auch
bildhauerisch, wie zum Beispiel mit
der Skulptur »Sitzendes Mädchen«,

die zur Eröffnung der Mädchenre-
alschule an der Volksgartenstraße
aufgestellt wurde. Das Modell für die
Skulptur war Marita Mays, eine meiner Cousinen. Heute befindet sich die
Arbeit wohl in einem Privatgarten.

Ihre künstlerische Ausbildung
begann meine Tante Anne Marie in
Krefeld und ging dann erst zur Düsseldorfer Kunstakademie. Gelebt hat
sie immer in Gladbach. Die Stadt stellte ihr das Atelier an der Bismarckstraße zur Verfügung, weil es den Krieg
ohne zerstörte Fenster überstanden
hatte. Als Gegenleistung überließ sie
einige ihrer Arbeiten der Stadt und
führte auch Auftragsarbeiten aus,
zum Beispiel die Büste von Peter Non-
nenmühlen. Gemalt hat sie eigentlich
weniger, ihre Leidenschaft galt der
Bildhauerei – Terracotta, Gips. Mit
den Aquarellen fing sie erst an, als sie
nicht mehr so schwer körperlich arbeiten konnte.

Als Zehnjähriger stand ich meiner Tante Anne Marie Modell für die
Bronzeskulptur »Der Sonnensucher«.
Nachdem er Ostern 1950 im Bunten Garten aufgestellt worden war
und dort 14 Tage gestanden hatte,
verschwand »Der Sonnensucher« in
der Nacht vom 11. auf den 12. April
spurlos. Ich kann mich noch gut an
die Aufregung von damals erinnern.
Da bekam der arme Kerl ein Höschen
angezogen und ein Laken umgebun-
den. Später fand man ihn zerschlagen
im Geroweiher wieder. Die offizielle
Version lautete: ein Dummer-Jungen-
Streich. »Der Sonnensucher« ist dann
neu gegossen und wieder im Bunten
Garten aufgestellt worden. Seitdem
steht er dort, manchmal wird er ange-
malt.

Tante Anne Marie war 1951 eine
Mitbegründerin der Künstlerverei-

nigung »Die Planke«, eines Zusammenschlusses Düsseldorfer und Gladba- cher Künstler mit Domizil im Haus »Erholung«. In Gladbach agierten sie nicht ohne Schwierigkeiten. Die Künstler der Gesellschaft »Planke« waren in ihrem Auftreten sehr frei – ob es die Kleidung oder die Auftritte bei Festivitäten betrifft. Ich erlebte als Jugendlicher Mitte der 50er-Jahre diverse Festlichkeiten mit. Für mich war es interessant, eine neue Welt. Natürlich gab es innerhalb der Vereinigung auch Querelen, zum Beispiel als die Düsseldorfer das Sagen haben wollten.
Wilhelm Rosen
Fleischermeister und Kaufmann,
Jahrgang 1939

Wilhelm Rosen mit der Skulptur »Der Sonnensucher« im Bunten Garten.

1982 rief ich zusammen mit einer türkischen Kollegin die türkische Buchabteilung in der Stadtbücherei Rheydt ins Leben, wo unsere Landsleute Bücher in ihrer Sprache ausleihen können. Dort gibt es Schiller und Goethe auch auf Türkisch.
Bedi Mungan
Lehrer, Jahrgang 1937

Mit den Mitglieds-Nummern 7 und 12 gehörten meine Frau und ich nach dem Krieg zu den ersten Mitgliedern im Tennisclub Rot-Weiß am Bunten Garten. Ich trat 1946 dort ein, als ich noch Student an der Fachhochschule Niederrhein war. Auch damals durfte man nur weiß tragen, sonst kam man gar nicht auf den Platz. Zuerst befanden sich die Tennisplätze an der Lettow-Vorbeck-Straße am »Rosengarten«. Fachleute legten sie an, wir arbeiteten als Hilfskräfte mit, verteilten Sand usw. Die Engländer hatten als Erste einen Platz, wo nur sie spielen durften. Dann kamen weitere hinzu. Zwischen den Engländern und uns Deutschen aus dem Tennisclub gab es einen sehr, sehr intensiven Kontakt. Sie luden uns häufig ins Offizierskasino auf die Hohenzollernstraße ein, wo wir auch oft hingingen. Wir hatten ja nichts und dort bekamen wir alles zu trinken, was wir wollten. Das waren immer Feste!
Rolf Mühlen
Textil-Ingenieur, Jahrgang 1930

Das Odenkirchener Freibad war weit und breit eines der schönsten Bäder, in dem auch nationale Wettkämpfe ausgetragen wurden, z.B. die Deutschen Schwimm- und Springmeisterschaften vom 13. bis 15. August 1948. Es lag direkt neben der Beller Mühle und trug von daher auch den Namen Freibad Bellermühle. Aus der ganzen Stadt kamen die Leute, um dort schwimmen zu gehen. Für die Jugend hier war es ein großer Anziehungspunkt. Ich

Das beliebte Freibad Bellermühle in den 30er-Jahren. Die Aufnahme stammt aus der Sammlung W. Gärtner.

wohnte als Kind an der Duvenstraße, schräg gegenüber dem Schwimmbad. Im Sommer bekamen wir nachmittags ein Butterbrot eingepackt und dann ging es mit meinen Freundinnen ins Schwimmbad, wo wir bis abends um halb acht blieben. Oft hing schon am Nachmittag um drei oder vier Uhr ein Schild draußen: »Wegen Überfüllung geschlossen!«

Eröffnet wurde das Schwimmbad Bellermühle im Jahre 1928, als Odenkirchen noch eine selbstständige Stadt war. Das Becken hatte eine Größe von 100 x 28 Metern und die Tribüne bot Sitzplätze für 2.000 Personen. Von den Auswirkungen des Krieges ist es ziemlich verschont geblieben, sodass das Freibad schon bald nach Kriegsende 1945 wieder eröffnet werden konnte.

Ende Juli 1981 begannen die Abbrucharbeiten. Die Bevölkerung wehrte sich damals sehr gegen den

Abriss des Freibads Bellermühle, das noch relativ gut in Stand war. Allerdings hätte zu diesem Zeitpunkt etwas daran getan werden müssen. Was den Bürger so ärgerte: Wenn es durch den Krieg zerstört worden wäre, hätte man es nicht mehr ändern können. Aber das war nicht der Fall. Man riss es einfach ab. Einen Ersatz hat es nicht gegeben. Anfangs hofften wir noch, dass ein neues Schwimmbad gebaut würde. Heute befinden sich an dieser Stelle Grünanlagen, geschmackvoll und nett gemacht, aber sie sind kein Ersatz für das Schwimmbad. Darüber sind die Leute heute noch ärgerlich.
Margit Gärtner
Kauffrau, Jahrgang 1935

Mit dem Rennsport fing ich 1950 an. 1949 war ich mit meinem Motorrad verunglückt und erhielt Schmerzensgeld. Von diesem Geld kaufte mir mein

Vater einen gebrauchten Porsche. Das war damals das Tollste, was es hier gab. Ich fuhr damit zum Beispiel das Kinderprinzenpaar. Mein Vater war eigentlich strikt gegen so etwas. Er selbst hätte nie mehr als einen Volkswagen gefahren. Aber was den Rennsport anging, unterstützte mich meine Mutter. Hinter dem Rücken meines Vaters nahm ich in meiner Freizeit an Rennen teil, meldete mich heimlich dazu an.

Mit diesem Porsche fuhr ich von 1950 bis 1957 Rallyes – damals Zuverlässigkeitsfahrten oder Findigkeitsfahrten genannt. Der Graf Westerholt war damals mein größter Konkurrent. Er ist zehn Jahre älter als ich. Mein Sohn Heinz-Harald und auch meine Tochter Nadine-Nicole haben diese Gene geerbt, das Interesse für Autos, für Geschwindigkeit. Heinz-Harald ist ja etwas ruhiger. Ich fuhr wie unter einer Droge. Man hat keinen normalen Menschenverstand, man will nur Erster werden, jeden Zentimeter ausnutzen. Das ist Rennen.

Bevor meine zweite Tochter Sylvia 1957 geboren wurde, nahm ich an einer Rallye auf Korsika teil. Dummerweise hatte ich meine Frau, die damals in Umständen war, zum Training mitgenommen. Enge Straßen, keine Be-grenzung. Ich immer voll rein in die Kurven. »Um Gottes Willen, wie gefährlich! Lass' das Rennen. Das Kind wird Schaden nehmen!«, flehte meine Frau. Da sagte ich mir: »OK, lieber das Kind gesund, als dieses Rennen mitmachen oder am Ende tot sein.« Damals gab ich den Rennsport auf, versprach es auch meiner Frau.

Meinem Sohn Heinz-Harald schenkten wir zu seinem vierten Geburtstag ein Kettcar. Damit fuhr er

Ein Porsche mit Spezial-Aluminium-Karosserie aus dem Jahre 1950, gebaut von der Firma Drews in Wuppertal.

dann den ganzen Tag herum. Einige Zeit später sagte er: »Papa, du musst mir noch eins kaufen!« – »Wieso?«, fragte ich, »ist es schon kaputt?« – »Nein, aber die Nachbarjungen wollen auch damit fahren. Kauf' mir noch eins, damit kann ich gegen die Jungs Rennen fahren!« Eine Tante schenkte Heinz-Harald also ein zweites Kettcar und so fuhr er gegen die Kinder hier auf dem Bürgersteig, auf der Dorfstraße und auf dem Garagenhof Rennen. Nach einer Woche kam er und meinte, er brauche neue Reifen. »Das kann doch nicht wahr sein!«, sagte ich. Da erzählte mir der Kleine, wie er die anderen Jungen immer noch kurz vor der Kurve überholte und den Kettcar querstellte – wie ein Rennfahrer. Das hatte er einfach im Blut. Als Nächstes wollte er einen Motor draufgebaut haben. Ich hielt es aber für zu gefährlich.

Im Sommer 1980 – Heinz-Harald war 13 Jahre alt – konnte ich sehr günstig einen Gokart erwerben. Damit gingen wir zur Kartbahn nach Nie-

Heinz-Harald Frentzen in der Formel-1-Kluft des Teams Sauber Petronas.

derkrüchten, wo man gleich entdeckte, dass er Talent hatte. Der Leiter der Kartbahn Niederkrüchten, Ewald Müller, sprach mich an: »Ich hab' gehört, das ist dein Sohn, der da fährt. Wie lange macht er das denn schon?« – »Heinz-Harald fährt heute zum ersten Mal, etwa seit einer halben Stunde«, antwortete ich. »Das glaube ich nicht!«, meinte Müller. »Der Kerl hat Talent! Aus dem wird was! Kommt doch in unseren Klub!« Das machten wir auch. Im nächsten Jahr fuhr Heinz-Harald schon die Deutsche Juniorenmeisterschaft (Bundespokal) mit und wurde gleich Deutscher Meister. Er war gerade erst 14 Jahre alt. Das hatte es noch nie gegeben.

Harald Frentzen
Bestattungsunternehmer,
Jahrgang 1930

Am 30. Mai 1982 gab es einen ersten Flugtag am Flughafen Mönchengladbach. Der wurde noch von einem der legendären Männer, die das Flair von Abenteurertum ausstrahlten, veranstaltet, von dem Piloten Günter Kurfiss. Er flog die ersten alten JU-52 nach Deutschland ein. Als Kurfiss hier einmal mit einer JU-52 herunter kam, meldete er über Funk: »Meine Bremsen funktionieren nicht richtig. Schickt ein paar Leute auf die Landebahn, die das Seil halten, das ich herauswerfe. Sie sollen dafür sorgen, dass ich nicht über die Schwelle rausche und dann im Schlamm stecke.« Solche Dinge spielten sich tatsächlich damals ab. Zum ersten Flugtag lud Kurfiss als Attraktion den Schauspieler Gerd Fröbe ein, der den Film »Die tollkühnen Männer in ihren fliegenden Kisten« gedreht hatte.

Nachdem dieser Flugtag gut abgelaufen war, veranstalteten wir noch weitere Flugtage in enger Zusammenarbeit mit der Royal Air Force. Die Zuschauer kamen, um den Nervenkitzel bei den Kunstflügen zu erleben. Es gab zum Beispiel eine Staffel aus Jordanien, die mit recht starken, kleinen Turbopropflugzeugen flog. Einer der Piloten war ein Prinz aus der haschemitischen Königsfamilie.

Der erste Flugtag, den wir als Flughafengesellschaft am 3. September 1983 veranstalteten, war vollkommen verregnet und vom Winde verweht. Das führte natürlich dazu, dass nur wenige Zuschauer – etwa 15.000 – kamen. Gut wären 30.000 Zuschauer gewesen. Gegen finanzielle Probleme hatte ich mich aber bei Lloyds so gut versichert, dass ich letzten Endes noch einen anständigen Betrag übrig behielt. Spätere Flugtage fanden bei gutem Wetter statt und lockten 50.000 Besucher an.

Wolfgang Krane
Verwaltungsbeamter und ehem. Flughafendirektor, Jahrgang 1926

Wie oft bin ich in den 60er-Jahren auf meinem Schulweg von der Regentenschule und später vom »Huma« nach Hause zur oberen Sachsenstraße an jener halbverfallenen Mauer des Bökelberg-Stadions vorbeigekommen, auf der mit viel Fantasie noch »VfL 1900 e.V.« zu lesen war. Die marode, weißgraue Mauer, die später einer Stadionerweiterung wich, stand damals in krassem Kontrast zum kometenhaften Aufstieg der »Fohlenelf«. Es begann im Oktober 1960 mit dem ersten DFB-Pokalsieg (3:2 gegen den Karlsruher SC), führte 1965 in die Bundesliga und 1970 zur ersten deutschen Meisterschaft. Kein »Rasen-Schach« heutiger Tage, nein, ungestüm wie die Fohlen attackierten die Borussen damals unter ihrem genialen Trainer Weisweiler. »Netzer, Vogts und Heynckes Jupp holen den Europa-Cup« reimte die rheinische Fan-Gemeinde – und hatte damit 1975 erstmals recht.

Über 30 Jahre war der VfL ein strahlender Stern in der Bundesliga. Damals herrschten noch ganz andere Fußballzeiten: Ein Trainer wie Hennes Weisweiler konnte über ein Jahrzehnt lang sein Team formen, unbehelligt von profilierungssüchtigen Vorstandsmitgliedern oder streitbaren TV-Medien. Die Stars der ersten Stunde, wie Orzessek, Laumen, Waddey oder Pöggeler, waren wirklich Fußballer »zum Anfassen«: Nach dem Training kamen sie zu uns Kindern auf den kleinen Bolzplatz an der Elisabethkirche, die bei Fernsehübertragungen von Fußballspielen häufig mit im Bild war, und gaben uns Mini-Kickern Tipps. Ich erinnere mich, dass die Kremers-Zwillinge mir einmal mächtig ins Gewissen redeten, weil ich auf meine Fünf in Mathe auch noch stolz war. Kein Heimspiel versäumten wir Schüler und gaben unser letztes Taschengeld für den Eintritt her – Stehplatz 2,50 Mark. Die samstägliche Sportschau im Schwarz-Weiß-Fernsehen war Pflichtprogramm, der Besuch eines Auswärtsspiels dagegen ein fast unerfüllbarer Traum. Einmal leisteten wir uns den Luxus: Mit dem Bus ging es mit meinem Vater durch die Ostzone ins geteilte Berlin. Dafür durfte ich ausnahmsweise die Schule schwänzen. Meine Mutter sah »ihre Männer« beim 1:1 gegen Hertha BSC als jubelnde VfL-Fans im Fernseher – und hatte große Not, dass vielleicht auch meine Lehrer zugesehen hätten.

Die beiden Aufsteiger Borussia Mönchengladbach und Bayern München stießen die etablierten Vereine wie 1860 München und Dortmund reihenweise vom Sockel. Wir Jungs schwärmten deshalb für beide. Mitten auf der Straße Eickener Höhe ließ ich mir vom jungen Franz Beckenbauer, vom »Parkhotel« (heute »Dorint«) zu Fuß ins Stadion unterwegs, ein Autogramm geben – mangels Papier mitten ins Englisch-Klassenarbeitsheft. Der Ärger, den es mit meinem Lehrer wegen der herausgerissenen Seite gab, war mir herzlich egal. Den 1. FC Nürnberg kann ich seit diesen Tagen übrigens nicht mehr leiden: Dessen Torhüter Roland Wabra stieß mich lästigen jungen Autogrammjäger nämlich am »Parkhotel« entnervt ins Gebüsch. Auch Uwe Seeler verschaffte sich bei mir wenig Sympathien. Der verteilte gestempelte Autogrammkarten!

Geld spielte auch damals im Fußball schon eine Rolle, allerdings ging es nicht um Millionen. So kam erst Jahre später heraus, dass die Borussen-Elf bei einem Freundschaftsspiel ganze 50 Mark Zuschlag pro Mann erpresst hatte, sonst wäre sie nicht

Die Mannschaft des VfL Borussia Mönchengladbach im Jahre 1970. Von links, oben Herbert Wimmer (nur die Haare zu sehen), Klaus Sieloff, stark verdeckt Herbert Laumen, Trainer Hennes Weisweiler mit Meisterschale, Luggi Müller, Horst Köppel, Hartwig Bleidick. Mittlere Reihe: Peter Kracke (im Anzug), Co-Trainer Rudi Schlott, Peter Dietrich (Arm um Günter Netzer), Torwart Wolfgang Kleff, Winfried Schäfer. Ganz rechts mit dunklen krausen Haaren Torwart Volker Danner. Unten links Ulrik le Fèvre, Günter Netzer und rechts Berti Vogts. Quelle: Stadtarchiv MG 10/5931.

angetreten. Star-Allüren waren beim VfL eigentlich verpönt. Die neuen »Fohlen« wurden bei »Tante Titi« im Stadtteil Eicken untergebracht, der Verein besorgte ihnen eine Lehrstelle. Diese resolute Borussenmutter, die mit richtigem Namen Mathilde Bückmann hieß, kümmerte sich um die jungen Leute und zog ihnen bei Bedarf die Ohren lang. Ob das dem skandalträchtigen Stefan Effenberg vielleicht auch gut getan hätte? »Tante Titi« ist inzwischen verstorben – »ihre« Borussia war schon vorher tot.

11:0 gegen Schalke am 7. Januar 1967, 10:0 gegen Borussia Neunkirchen, 10:0 gegen Braunschweig, 12:0 gegen Dortmund am 29. April 1978

– als höchster Sieg der Bundesliga-Geschichte – »Fohlen-Fußball« war herzerfrischend offensiv. Ob der geniale Strippenzieher Günter Netzer oder sein Flügelflitzer »Hacki« Wimmer heute noch Chancen hätten? Ihr kühnes Spiel, sofern es ein Trainer noch zuließe, würde vermutlich von harten Manndeckern im Keim erstickt. Randalierer gab es nicht, Fußball war auch auf dem Platz fairer. Einen ersten Hauch der heute üblichen »Schwalben-Welt«, in der Oscar-verdächtig Fouls vorgetäuscht werden, vermittelten 1971 die Profis von Inter Mailand gegen Borussia im Europapokal. Den berühmten Büchsenwurf erlebte ich live aus fünf Metern Entfernung. Ein über die rabiaten Italiener aufgebrachter Fan warf eine leere Cola-Büchse auf's Feld, die weit neben Boninsegna auf den Rasen fiel. Sie traf ihn eben nicht, wie das noch heute behauptet wird. Der Italiener erkannte angesichts des blamablen Spielstands die Gunst der Sekunde, ließ sich theatralisch fallen und vom Platz tragen. Das 7:1-Spiel wurde tatsächlich annulliert. In Deutschland war die Empörung zu Recht riesengroß.

Der VfL stieg 1965 zeitgleich mit Bayern München in die Bundesliga auf und heimste Erfolge, von fünf deutschen Meisterschaften bis zu diversen europäischen Pokalen, nur so ein. Unvergessen Günter Netzers

Selbst-Einwechslung 1973 in der Verlängerung des Pokalendspiels gegen den 1. FC Köln. Auch ich schrie vorher verzweifelt »Netzer, Netzer!« Es folgte sein unglaubliches »Wut-Siegtor« zum Spiel entscheidenden 2:1. Dabei wollte Hennes Weisweiler den »Fahnenflüchtigen« gar nicht mehr aufstellen. Denn Netzer wechselte kurz darauf zu Real Madrid.

Über die Mönchengladbacher »Fohlen« ließen sich ganze Bücher füllen. Wer erinnert sich nicht an den spektakulären Torpfostenbruch gegen Werder Bremen am 3. April 1971, den fanatischen Dauertrommler Manolo in der Nordkurve oder die imposante Liste der Nationalspieler von Heinz Ditgens über

Das Borussen-Kunstwerk mit Netzer, Vogts und Wimmer in Eicken.

Lothar Brülls und Berti Vogts bis Lothar Matthäus. Ein besonders origineller Rekord der Borussia: In der ersten Erstligasaison 1965/66 spielte die Elf vor den wenigsten Zuschauern in der Bundesliga überhaupt. Beim Spiel gegen die »Rote Laterne« Tasmania im Berliner Olympiastadion verloren sich nämlich nur 832 Zuschauer im riesigen Rund. Eine besonders verrückte Geschichte rankt sich um die Borussen-Skulptur im Stadtteil Eicken. Erst wurde der Wimmer-Kopf geklaut. Dann brachte der reuige Fan ihn brav wieder zurück. Das Kunstwerk gibt es noch heute.

Es gab seinerzeit kaum eine Mannschaft, die weit über die Stadtgrenze hinaus so viele Fans hatte: Ob in Italien oder Spanien – die magischen Worte »Borussia Mönchengladbach« genügten, um eine fröhliche Fachsimpelei in Gang zu bringen. Alle kannten und verehrten den VfL. Propst Edmund Erlemann, der auch meine Kinder Philipp und Johanna taufte, ließ nicht als einziger Geistlicher der Stadt sogar die Glocken der Hauptpfarre für den Verein läuten, wenn's brenzlig wurde.

Als Kinder und Jugendliche spielten wir die Stars mit Begeisterung nach. Fußball, das vereinte alle, soziale Barrieren gab es nicht. Die Mitstreiter von einst haben Karriere gemacht, wie zum Beispiel Dr. Michael Dörr als Leiter des Gesundheitsamtes in Grevenbroich. Der Berühmteste ist gewiss »mein Libero« in der Schülermannschaft (ich stand im Tor), der Wissenschaftsastronaut Dr. Reinhold Ewald. Als Fußballer hat es allerdings keiner von uns weit gebracht. Doch die Liebe zum Sport und zum Verein ist bis heute ungebrochen, selbst wenn es leider nicht mehr um glänzende Europapokalsiege, sondern meist um das nackte Überle-

ben im Abstiegskampf geht. Egal. Der in den 60er-Jahren geborene »Mythos Borussia« ist bis heute quicklebendig.
Helmut Michelis
Journalist, Jahrgang 1954

8. Die Stadt: Wer, wo und was in Mönchengladbach

Schon in den 30er-Jahren war ganz schön was los in Mönchengladbach: Etliche Hotels, Cafés und das „KV Kino und Varieté" lockten die Menschen zur Hindenburgstraße, die noch bis 1916 Krefelder Straße hieß. Ihr späterer Namenspatron Paul von Hindenburg ließ sich 1926 für ein kurzes Gastspiel am Rheydter und am Gladbacher Bahnhof blicken. Damals befand er sich dabei noch nicht in der einzigen Stadt des damaligen Deutschen Reichs, die zwei Hauptbahnhöfe und zwei städtische Zentren hat: Dazu kam es erst durch die erneute Zusammenlegung der Städte Mönchengladbach, Rheydt und Wickrath im Jahre 1975.

Eine von Pferden gezogene Drehleiter der Städtischen Feuerwehr im Jahre 1902. Sie war bis 1927 im Einsatz. Quelle: Stadtarchiv MG 10/5900.

Wenn die Städtische Berufsfeuerwehr an der Fliethstraße 90 ausrückte, wurde der Wagen von zwei schweren Kaltblütern gezogen. Ich sah als kleiner Junge die Feuerfunken unter den Hufeisen sprühen, wenn die Pferde über die gepflasterte Straße losjagten.

Hinten herum war ein großer Platz mit einem hohen Turm. Daran übten die Feuerwehrleute und wir schauten ihnen als Kinder zu, wie sie Leitern an den Turm lehnten und hochkletterten.

Gegenüber der Feuerwehr, am Kämpchen vorbei, das die Flieth- mit der Lüpertzenderstraße verbindet, gab es die Kindermilchanstalt. Kleine Flaschen wurden mit Milch befüllt, oben mit einem kleinen Deckelchen verschlossen und an Kleinkinder verteilt. Der Fahrer des Auslieferungswagens sammelte die leeren Halbliter-Flaschen in einem Eisenkasten. Ich kann mich noch daran erinnern, wie die Flaschen rappelten, wenn der Fahrer mit einem vollen Kasten Leergut losfuhr.

Auf dieser Seite der Fliethstraße standen bis hin zur Viktoriastraße einstöckige Häuser mit kleinen Läden im Untergeschoss.

An der Rheydter Straße befand sich das Bürgermeisteramt. Der Bürgermeister und die Angestellten des Amtes gingen in ihrer Mittagspause über eine Brücke zur Fliethstraße in den Park, um dort zu frühstücken oder Mittagspause zu machen. Die Brücke ist abgerissen worden, den Park gibt es noch.

Ein Stück weiter auf der Fliethstraße gab es eine Färberei, wo die Uniformen der Kriegsheimkehrer eingefärbt wurden. Der Mann machte das sehr gut. Später beschwerten sich aber die Leute, weil Färben mit Gestank verbunden ist. Deshalb musste er schließen.
Willi Grote
Handelsvertreter, Jahrgang 1912

Als Hindenburg 1926 nach Mönchengladbach kam, wurde mein Urgroßvater

Im Abfüll- und Sterilisierraum der städtischen Kindermilchanstalt an der Fliethstraße 79, um 1920. Quelle: Stadtarchiv MG 10/6398.

Paul von Hindenburg besuchte am 22. März 1926 den Rheydter Bahnhof. Quelle: Stadtarchiv MG 10/2267.

als Kriegsveteran von 1871 ausgezeichnet. Zu diesem Zweck musste er sich am Hauptbahnhof einfinden. Er nahm seinen Enkel mit, meinen Vater, der später immer wieder erzählte: »Feldmarschall von Hindenburg hat mir die Hand geschüttelt.« Das war ganz wichtig.
Wilhelm Rosen
Fleischermeister und Kaufmann,
Jahrgang 1939

Hier in Gladbach sah ich Hindenburg. Er kam am 22. März 1926 mit dem Zug auf Bahnsteig 1 an. Wir waren mit der Schule gekommen und stellten uns unten an der Goebenstraße mit Fähnchen auf. Endlich fuhr ein schwarzer Zug ganz langsam in den Bahnhof ein. Da stand Hindenburg ohne Hut am Fenster und bückte sich, weil er so groß war. Er winkte uns vom Fenster aus zu.
Willi Grote
Handelsvertreter, Jahrgang 1912

Rheydt und Gladbach waren vereinigt worden. Und das war uns Rheydtern gar nicht recht. Die Gladbacher waren katholisch und die Rheydter evangelisch. Goebbels' »große Tat« bestand darin, dass er die Städte wieder trennte, dass wir in Rheydt wieder für uns waren. »Rheydt bleibt Rheydt« hieß die Parole.
Gerda Wintzen
Unternehmerin, Jahrgang 1913

Nach der Machtergreifung durch die Nationalsozialisten im Januar 1933

Paul von Hindenburg (rechts) machte am 22. März 1926 auch am Mönchengladbacher Bahnhof Halt. Links sieht man den städtischen Beigeordneten Albert Hackspiel. Quelle: Stadtarchiv MG 10/00037.

besuchte Joseph Goebbels zum ersten Mal in neuer Machtfülle seine Heimatstadt. Meine Eltern und ich waren bei Bekannten auf der Dahlener Straße zu Besuch und sahen vom Fenster aus einen Fackelzug von tausenden von Menschen, der mich ungemein beeindruckte. Bei dieser Gelegenheit bescherte Goebbels der Stadt Rheydt wieder die Selbstständigkeit: Der Zusammenschluss mit der Nachbarstadt Mönchengladbach aus dem Jahr 1929 wurde aufgehoben.

Heinz Habrich
Lehrer, Jahrgang 1926

Als Gladbach und Rheydt 1933 wieder getrennt wurden, war man froh. Rheydt wollte nicht zu Gladbach gehören. Erstens: Rheydt stand finanziell besser da als Gladbach und zweitens: Rheydt war evangelisch, Gladbach katholisch. Als Kind fuhr ich von Rheydt aus nur nach Gladbach, um auf der Lüpertzenderstraße Saiten für

Der Rheydter Hauptbahnhof um 1907. Das Pferdefuhrwerk im Vordergrund trägt die Aufschrift „Gebr. Hensen. M.-Gladbach-Waldhausen" der Hensen-Brauerei. Die Aufnahme stammt aus der Sammlung W. Gärtner.

meine Geige zu kaufen – die waren in Gladbach frischer.
Helmut Vits
Elektrotechniker, Jahrgang 1915

Ich erinnere mich an den alten Bökelbahnhof. Er befand sich neben dem Landgerichtsgebäude auf der Hohenzollernstraße. [Damals hieß sie Rheinbahnstraße. 1938 wurde der Bökelbahnhof gesprengt. Anm. d. Autorin] Die Bahn kam von Viersen nach Mönchengladbach und fuhr u.a. durch die heutige Hermann-Piecq-Anlage. Es ist das große Verdienst des damaligen Oberbürgermeisters Hermann Piecq, dass man den Graben, den man für die Bahn gebaut hatte, nicht wieder zuschüttete. Piecq hat das damals durchgesetzt. Darum ist die Anlage nach ihm benannt.
Dr. Kurt Shimon Wallach
Geisteswissenschaftler, Jahrgang 1909

An der Hindenburgstraße gab es früher drei Delikatessengeschäfte: Eines befand sich neben dem Kaufhof – früher »Gebr. Abraham« – in Richtung Hauptbahnhof. Es hieß »Specht«. Ein anderes war auf der Lüpertzenderstraße. Das dritte lag an der oberen Hindenburgstraße – vor der Wallstraße, wenn man zum Alten Markt hochkam. In der Innenstadt kannte ich etliche Hotels und Cafés. Das Hotel »Eikkener Hof« war dort, wo zuletzt das »Haus Westland« stand. Zwei andere Hotels, der »Rheinische Hof« und der »Dortmunder Hof«, lagen an der Bismarckstraße. An der mittleren Hindenburgstraße, Nr. 112, war früher der »Europäische Hof«. Am Stiftisch-Humanistischen Gymnasium, rechts von der »Erholung«, befanden sich eine Polizeistation und das Tanzlokal »Alter Fritz«. Auf dem Markt gab

Hermann Piecq (rechts) und seine Frau Gudula (»Julchen«), links danebben Gudulas Brüder Bernhard und Cornelius sowie eine Schwägerin im Jahre 1898. Sohn Hermann (mit Strohhut) musste, nachdem er intensiv mit dem Ziegenbock gespielt hatte, in die „Badebütt" und für eine Nacht in Quarantäne. Quelle: Stadtarchiv MG 10/6991.

es den »Deutschen Hof«. Am Bahnhof war das »Union-Kino«, oben das »Café Wien«, ein Tanzlokal mit Kapelle. Zu »Tante Klara«, einem Tanzlokal, kam man an der Ecke Friedrichstraße und Hindenburgstraße. Man musste eine Treppe hochgehen. Ein drittes Tanzlokal befand sich an der Stepgesstraße, das »Sängerheim«. Man ging die Straße von oben herunter, dann sofort links. Im »Sängerheim« gab es jeden Samstag Tanz in allen Räumen. 800 Leute fasste der »Saalbau« auf der Wallstraße. Das »KV Theater« war ein Kino mit Varieté und befand sich dort, wo heute die Theatergalerie ist. Wenn man aus dem Film kam, konnte man oben tanzen gehen. Im »KV Theater« wurden Filme in Erstaufführung gezeigt, die Schauspieler waren manchmal anwesend. Das gab es alles vor dem Krieg.
Willi Grote
Handelsvertreter, Jahrgang 1912

Die heutige Erzbergerstraße, aus der im »Dritten Reich« die Schlageterstraße geworden war [benannt nach dem

Das „KV Kino und Varieté" am heutigen Theatervorplatz an der Ecke Hindenburgstraße und Croonsallee, um 1930. Quelle: Stadtarchiv MG 10/7224.

ehemaligen Freikorpskämpfer Albert Leo Schlageter, der von den französischen Besatzungstruppen wegen eines Attentats auf eine Bahnlinie zum Tode verurteilt und am 26. Mai 1923 hingerichtet wurde. Die Nazis stilisierten ihn zum Märtyrer. Anm. d. Autorin], hieß früher Mühlenstraße. Sie wurde bei der Zusammenlegung der beiden Städte Mönchengladbach und Rheydt in Erzbergerstraße umbenannt, weil es in Rheydt schon eine Mühlenstraße gab.

Zum Gedenken an den bedeutendsten deutschen Außenminister zur Zeit der Weimarer Republik gibt es in Mönchengladbach eine Rathenaustraße: Die früher noch winklige Lüpertzenderstraße wurde durch den Bau einer direkten Verbindungsstraße zwischen Bismarck- und Berliner Platz entlastet. Diese neue Straße erhielt [1956, Anm. d. Autorin] den Namen Rathenaustraße. Die Wohnhäuser an der Rathenau-

straße mit Blick auf den Bahndamm wurden erst nach dem Zweiten Weltkrieg in den ehemaligen Gärten der Häuser an der Lüpertzenderstraße errichtet.
Dr. Kurt Shimon Wallach
Geisteswissenschaftler, Jahrgang 1909

Meine Mutter arbeitete bei einem Seniorchef der Firma August Dilthey & Söhne im Haushalt mit. Ich bin praktisch in diesem Haus an der Keplerstraße groß geworden. Als ich im April 1936 zum Arbeitsdienst musste, habe ich mich dort offiziell verabschiedet, auch von Herrn Fritz Dilthey. Um 1948/49 fand ich ihn auf der Unterheydener Straße liegend vor, er hatte wahrscheinlich einen Schlaganfall erlitten. Ich half ihm auf und brachte ihn nach Hause. Ob er mich überhaupt erkannte, weiß ich nicht. Kurze Zeit später verstarb er.
Helmut Vits
Elektrotechniker, Jahrgang 1915

Als ich 1952 heiratete und nach Mönchengladbach-Dorthausen kommen sollte, wusste ich überhaupt nicht, wo das war. Bis dahin hatte ich im Stadtteil Speick gelebt. Mein Mann und ich führten dann einen Handwerksbetrieb und ab 1962 noch ein Tapetengeschäft mit Schreibwarenabteilung an der Gladbacher Straße 463.

In dem Raum, in dem mein Schwiegervater früher eine Weberei betrieben hatte und der meinem Mann und mir später als Geschäftsraum diente, befand sich von 1940 bis 1961 eine Notkirche. Früher hatten die Gläubigen der Hohnschaften Dorthausen, Sitterhof und Dahlener Heide den Gottesdienst in der Kirche der ehemaligen Erziehungsanstalt an der Gladbacher Straße besucht, wo heute das neue

Stadion am Nordpark steht – also ein gutes Stück weit weg. Nachdem das Erziehungsheim nach 1940 von der Luftwaffe beschlagnahmt worden und die Kirche bald geschlossen worden war, richtete die Dorfgemeinschaft diese Notkirche ein. Die Eltern meines Mannes stellten dafür ihren ehemaligen Betriebsraum zur Verfügung und vereinbarten in einem Zusatzvertrag zum Mietvertrag vom 15. August 1941 mit der Kapellengemeinde Dorthausen den monatlichen Mietpreis von 30 Reichsmark. Als ich 1952 hierher gezogen war, ging ich selbst dort auch jeden Sonntag zur Messe. Wenn es eine besondere Feierlichkeit gab, passten nicht alle Leute herein. Sie standen dann draußen bis an die Gleise der Straßenbahn, die damals noch auf der

Einweihungsfeier der Notkirche an der Gladbacher Straße, der heutigen St.-Christophorus-Straße in Dorthausen, um 1940.

Der Arbeitsvertrag zwischen der ehemaligen Vereinigten Kammgarn-Spinnereien AG an der Hardtterbroicher Straße und Bedi Mungan.

Gladbacher Straße fuhr. Im selben Jahr wurde deshalb ein Kapellenbauverein gegründet, der den Bau eines richtigen Gotteshauses betrieb. Dies ging so bis 1961. Am 27. Juli schließlich feierte man das Richtfest für die St.-Christophorus-Kirche an der Gladbacher Straße (heute St.-Christophorus-Straße)/Am Sitterhof.
Käthe Ebus
Korrespondentin, Jahrgang 1930

Nachdem ich mein Lehramtsstudium in Istanbul abgeschlossen hatte, lebte und arbeitete ich als Pharmareferent in Bursa/Türkei, als eines Tages ein Angebot kam: In Deutschland wurden Textilarbeiter gesucht. Da ich mich seit meiner Jugendzeit für Deutschland interessierte und einige Kenntnisse im Bereich Textil und Färberei hatte, bewarb ich mich.

Als ich zur Prüfung nach Istanbul kam, wurde ich zuerst von deutschen Ärzten untersucht: Zähne, Nägel, von Kopf bis Fuß. Die Zähne mussten in Ordnung sein, wenn man nach Deutschland wollte. Ich war damals 32 Jahre alt und ganz gesund. Nach der Gesundheitsuntersuchung begann die Berufsprüfung. Ich hatte mich gut vorbereitet, bestand die Prüfung und unterschrieb am 24. November 1969 meinen Arbeitsvertrag. Zwei, drei Tage später reiste ich mit dem Zug nach Deutschland aus. Mit acht Mann saßen wir in einem Zugabteil, eng zusammengedrängt zwischen unseren Koffern. Ich wusste, dass ich nach Mönchengladbach kommen sollte. Aber wo war das? Ich konnte es auch nicht aussprechen. »Köln« oder »Willich« – das wäre für mich leichter auszusprechen gewesen.

Bei unserem Eintreffen in Mönchengladbach am 27. November erhielten wir Neuankömmlinge ein Lunchpaket: Brötchen, ein Stückchen Wurst, etwas zu trinken, einen Apfel. Zwei von uns wurden nach Krefeld eingeteilt, eine mitreisende Türkin und ich nach Mönchengladbach. Die Frau war von ihrem Bruder eingeladen worden, der aber nicht erschien. Auch mich holte niemand ab. Ich rief uns ein Taxi. Erst brachten wir die Frau zu ihrem Bruder, der im Flussviertel wohnte. Von dort aus ging ich zu Fuß mit meinem schweren Koffer zur Vereinigten Kammgarnspinnereien AG an der Hardterbroicher Straße, wo man mich als neue Arbeitskraft schon am Vortag erwartet hatte. Der Hausmeister brachte mich zum Wohnheim an der Grasfreedstraße 28, direkt an der Spinnerei. In meinem Koffer befanden sich zwei Anzüge, Krawatten und Bücher zum Deutsch-Lernen.

Als ich im November 1969 aus der Türkei nach Mönchengladbach kam, war mein erster Eindruck der einer schönen und ruhigen Stadt. Ich war ja aus einer Großstadt, aus Istanbul, gekommen. Nachdem ich schon eine Weile in Deutschland war, lernte ich auch andere Städte kennen, Hannover oder Düsseldorf. Aber diese gemütliche Stadt Mönchengladbach gefiel mir. Die Straßen waren schön. Die Fußgängerzone gab es noch nicht, aber man hatte begonnen, die Straßenbahnschienen dort abzubauen. Das alles machte auf mich einen guten Eindruck. Was mir unwahrscheinlich gefallen hat: Ich kannte Weihnachten ja nicht. Und es war damals so eine festliche Atmosphäre in der geschmückten Stadt. Das war sehr schön.
Bedi Mungan
Lehrer, Jahrgang 1937

An der Hermannstraße 12a, wo ich heute wohne, residierte früher die Gesellschaft »Casino«, die sich 1978 aus finanziellen Gründen auflöste. In ihr hatte sich der gehobene Bürgerstand, Ärzte, Handwerker usw., zusammengefunden. Bis der Neubau des Gebäudes 1979 erfolgte, stand an dieser Stelle ein altes Patrizierhaus, das um 1978 wegen Baufälligkeit abgerissen wurde. Der Garten ist noch erhalten. Auch die alten Säulen der ehemaligen Säulengänge stehen noch. Wo heute die Tiefgarage hinter dem Haus ist, gab es früher eine Terrasse mit Freitreppe.

Auch die Tanzschule Faust hatte hier ihren Sitz. Sie war früher in Gladbach eine wirkliche Institution. Viele Gladbacher in meinem Alter haben dort tanzen gelernt.
Wilhelm Rosen
Fleischermeister und Kaufmann,
Jahrgang 1939

Mönchengladbach war eher ein Verkehrslandeplatz für Sportflugzeuge, als ich 1975 die Position des Geschäftsführers am Flughafen übernahm. Seine Entstehung verdankt er den Privatfliegern. Der Segelflug war nur eine Variante. Man hat damals auf der 500 Meter langen Grasbahn schon Motorflug betrieben, es gab hier auch einen Motorfliegerclub. Meine Aufgabe als Flughafendirektor – von 1975 bis 1990 – bestand darin, den Flughafen zu erhalten und zu entwickeln, also bautechnische Voraussetzungen dafür zu schaffen, dass mehr Verkehr hierher kam. Dazu ließen wir vor allem Hallen bauen, in denen Flugzeuge untergebracht wurden und daran Werkstatträume anbauen, in die Wartungsbetriebe einziehen konnten. Wir bauten zunächst die Halle 5 und daran einen ganzen Trakt voller Werkstätten und Büros, dann die Halle 6, die auch sehr schnell voll war. Es ergab sich außerdem die Notwendigkeit, das Rollbahnsystem zu verbessern, also das Ver- bindungssystem von der Abstell- zur Landebahn.

Am 1. Juli 1973 wurde anstelle dieser provisorischen eine befestigte Landebahn mit 1.200 Metern Länge fertig gestellt. Danach bauten wir das Terminal, weil der alte Tower nach dem Bau der neuen Bahn ungünstig lag. Mit dieser neuen 1.200-Meter-Bahn ergab sich natürlich eine ganz andere Nutzungsmöglichkeit. Sie reichte nicht aus, um Verkehrsflugzeuge starten und landen zu lassen, war aber lang genug für die Turboprop-Flugzeuge und die kleineren Jets der Unternehmen, die ihre Manager hin und her transportierten. Zum Beispiel für die Maschine von Allkauf, die Michael Viehoff häufig selbst flog. Diese Landebahn war zwar kurz, aber sie hatte eine hohe Standfestigkeit, sodass man auch schwerere Flugzeuge wie die »Herkules« und die »Transall« darauf bewegen konnte. Als man damals diese Bahn baute, hatte man wohl auch überlegt, sie 1.400 Meter lang zu bauen. Dann ist aber bei einer Diskussion von einem Politiker der Einwand gekommen, demnächst gäbe es überall »Stol«-Flugzeuge (short-take-off-and-landing), weswegen wir uns auf eine kürzere Bahn beschränken könnten. Das sind Entwicklungsfehler, die von Laien ohne Fachkenntnis hereingebracht wurden, an denen der Flughafen jahrzehntelang zu leiden hat. 1.400 Meter wären allerdings für eine produktive Entwicklung auch noch viel zu kurz gewesen. Man wollte damals eigentlich nichts weiter als ein verbessertes

Equipment für den Verkehr, der sich im Bereich der Privatfliegerei und in der kleinen Geschäftsreisefliegerei ergab. Es hat um 1970 herum kein Mensch daran gedacht, dass wir in Mönchengladbach neben Düsseldorf mal Flugzeuge für den Personentransport im Linienflug oder im Touristikflug abwickeln würden.

Als sicher war, dass die neue Landebahn gebaut werden konnte, hat sich die Firma Rhein-Flugzeugbau hier niedergelassen, Flugzeuge gewartet und auch entwickelt. In dieser Zeit hat man ein Trainingsflugzeug konstruiert, ein Propellerflugzeug, das aber über viele Eigenschaften eines Jets verfügte und zur Ausbildung von Jet-Piloten verwendet werden konnte. Das war preiswerter, als die Piloten von vornherein auf einem Jet zu trainieren. Das Flugzeug hieß »Fan-Trainer« und das Probemodell, mit dem man feststellte, was noch verbessert werden musste, hieß »Fan-Liner«. Dieser »Fan-Liner« hatte ein Design von Luigi Colani, sah also ziemlich fesch aus.

Nahezu jeder Flughafen verursacht Ärger in der Nachbarschaft, obwohl diese oft erst in die Nähe des Flughafens gezogen ist, nachdem dieser schon länger existierte. So war es auch in Mönchengladbach. Und Ärger wegen des Flughafens kanalisiert sich sehr schnell auch als Ablehnung und Wut gegenüber Politikern, die für Flughafenentwicklung einstehen. Und so musste hier in Mönchengladbach jahrelang der Flughafen mehr oder minder verschwiegen werden. Es gab Stadtentwicklungspläne, in denen der Flughafen entweder ganz schwach oder gar nicht vorkam. Das hat sich erst im Laufe der Zeit geändert. Und da war es natürlich für eine rechtzeitige Einfäde-

Mitglieder der Fallschirmsportspringerschule, die auf dem Flughafen beheimatet war, bei der Eröffnung des Flughafens an der Niersbrücke am 22. April 1954. Quelle: Flughafengesellschaft Mönchengladbach.

lung aller juristischen Voraussetzungen für eine längere Landebahn fast zu spät.

Der Flughafen war eine Insider-Adresse für Wanderer und Radfahrer. An schönen Wochenenden kamen hunderte von Fußgängern mit Mann und Maus, setzen sich hier hin, machten Picknicks und sahen sich dabei Starts und Landungen an. Es gab Leute, die kamen jeden zweiten Tag hierher und erklärten anderen Besuchern alles, was sie selbst schon in Erfahrung gebracht hatten.

Der Flughafen wickelte auch Show-Veranstaltungen ab, die gar nichts mit Fliegerei zu tun hatten. Das erste Open-Air-Festival fand 1989 statt. Etwas anders war es bei politischen Veranstaltungen. Zweimal räumten wir eine Halle aus für eine Rede von Helmut Kohl. Einmal kam er als Kanzlerkandidat der CDU, fuhr in die Stadt zum Kapuzinerplatz und hielt dort eine Rede. Dann kam Helmut Kohl zurück, ging ins Flughafenrestaurant und trank eine heiße Milch wegen seiner strapazierten Stimme. Nachdem die verschiedenen politischen Vertreter sich mit ihm über die Weltlage unterhalten hatten, wandte er sich mir zu und wollte von mir wissen, was ich denn eigentlich vom Platz der Borussia Mönchengladbach in der Bundesliga halte und wie es mit ihr wohl weiterginge. Von Politik wollte Kohl nichts mehr hören. Danach war er noch zweimal hier und sprach in der Halle 5. Die 50, 60 Flugzeuge, die normalerwei-

Der Flughafen Mönchengladbach. Quelle: Flughafengesellschaft Mönchengladbach.

se in der Halle standen, mussten wir nachts draußen lassen und deshalb zusätzlich gegen Hagelschlag versichern. Als Helmut Kohl einmal in meinem Büro war, sagte er zu mir: »Um glücklich zu sein, müsste man eigentlich Flughafendirektor von Mönchengladbach sein!«

Zur Eröffnung einer BMW-Niederlassung lud man Niki Lauda als Ehrengast ein. Er kam mit seiner eigenen Maschine hierher geflogen. Sowohl die Herren, die später aus der Maschine ausstiegen, als auch die Empfangsdelegation, waren in Nadelstreifen und dunkelblauem Anzug mit blütenweißen Hemden und schönen Krawatten gekleidet. Niki Lauda kam wie der letzte Schlosser heraus mit seinem Schlabbermantel.

Zu der Zeit, als wir noch den alten Tower hatten, trafen eines morgens um sechs wie üblich die Controller ein und fanden sämtliche Towerfenster rundum mit Blut verschmiert vor. Wie kam das Blut ans Towerfenster? Es war tatsächlich Blut, keine Farbe. Man reinigte die Fenster. Am näch-

sten Tag tat sich nichts, aber am übernächsten Morgen war wieder alles voller Blut. Ich ließ zwei Platzmeister herkommen. Wir überlegten, ob sie den Schneid hätten, sich zu zweit mal eine Nacht hier aufzuhalten, um zu sehen, wie aus diesem harmlosen Turm ein »bloody tower« wurde. Sie wachten die ganze Nacht und nichts passierte. Es gab Spurenuntersuchungen durch die Polizei. Schließlich mussten wir uns einfach darauf verlassen, dass die ganze Sache durch irgendeinen Zufall geklärt werden oder von selbst ein Ende nehmen würde. Ein paar Tage später kam unsere Frau Frantzen, die Putzfrau, gegen fünf Uhr morgens hierher und sah vor dem Towerfenster Vögel fliegen, die sich gegenseitig verletzten, die Brust aufhackten und so weiter. Der »Tanz der Vampire« bewegte sich um den Tower herum. Dabei war es zu den Blutspuren auf dem Fenster gekommen. Danach war der ganze Spuk vorbei.

Wolfgang Krane
Verwaltungsbeamter u. ehem. Flughafendirektor, Jahrgang 1926

Für das Presseamt der Stadt machte ich Stadtrundfahrten und als Lehrer unternahm ich im Rahmen des Geschichtsunterrichts mit den Schülern Exkursionen zu historischen Denkmälern und Plätzen. Zum Beispiel erklärte ich die Bezeichnung »Hagelkreuz« an der Ecke Viersener und Hagelkreuzstraße am Mönchengladbacher Wasserturm. Hier beteten die Menschen früher dafür, dass man von Hagelschlag verschont wurde und die Saat gedeihen konnte, die um den Monat Mai herum durch eben diesen Hagelschlag sehr gefährdet war. Als Gladbach noch ein kleiner Flecken innerhalb der Stadtmauer war, befand man sich am heutigen Standort des Wasserturms auf freiem Feld. Hierhin zogen die Leute in Prozessionen und beteten. Ein Gedenkkreuz am Wasserturm erinnert heute daran. Es trägt die Inschrift des Stifters aus dem Jahr 1711.

Mönchengladbach hat eine wirklich schöne, interessante Geschichte. Man muss sich nur damit beschäftigen, zum Beispiel die Geschichte der Abtei, des Kapuzinerplatzes, der Stadtmauer usw. Industrie- sowie Sozialgeschichte sind auch ergiebige Themen.

Johannes Riskes
Kaufmann u. Lehrer, Jahrgang 1928

Das Hagelkreuz am Wasserturm an der Viersener Straße im Jahre 1954. Quelle: Stadtarchiv MG 10/24277.

Dank an die Sponsoren dieses Buchprojektes

Berno Versicherungsvermittlung, Deutsche Bank, Horst Doerenkamp, Fliesen Willems, Flughafen Mönchengladbach, Gesellschaft für Christlich-Jüdische Zusammenarbeit Mönchengladbach e.V., Gladbacher Spinnstoffindustrie M. Mühlen, Kilb Sanitär und Heizung GmbH, MG MG Marketing-Gesellschaft Mönchengladbach, Provinzial Versicherung

Deutsche Bank

Die Heimat entdecken!

Von Kiel bis Wien,
von Aachen bis Görlitz:
Entdecken Sie Alltagsgeschichten
aus Ihrer Heimatstadt!

Leben in der Großstadt …

Tauchen Sie ein in das quirlige Großstadtleben vergangener Tage. Spazieren Sie über breite Boulevards und stürzen Sie sich ins Nachtleben. Erkunden Sie ihre Stadt durch die Fensterscheiben einer Straßenbahn oder des ersten Käfers und bewundern Sie prächtig geschmückte Schaufenster.

... und ländliche Idylle

Wie sah das Leben in Ihrer Heimat aus, als die Bauern noch mit Pferden pflügten und jedes Dorf seinen eigenen Schmied hatte, jeder noch jeden kannte und das Leben sich zwischen Kirche, Wirtshaus und Wohnküche abspielte?

www.suttonverlag.de

Erinnerungen an die Schulzeit …

Erinnern Sie sich noch an die Zeiten von Abakus und Schiefertafel, an Klassenausflüge oder den ersten Taschenrechner? Blicken Sie zurück auf große Klassen und gestrenge Schulmeister, entdecken Sie auf Klassenfotos Freunde und Bekannte von früher!

... und das Arbeitsleben

Entdecken Sie, wie sich das Arbeitsleben in den letzten hundert Jahren verändert hat. Werfen Sie einen Blick in Fabrikhallen, blicken Sie Handwerksmeistern bei ihrer Arbeit über die Schulter und erinnern Sie sich an den Einkauf im Tante-Emma-Laden.

www.suttonverlag.de

Gesellige Stunden im Verein …

Fußballclub und Schützenverein, Musikkapelle und Gesellenverein: Schauen Sie zurück auf Volksfeste und Turniere, Chorproben oder Prunksitzungen. Erinnern Sie sich an schöne Stunden und das gesellschaftliche Leben in Ihrer Heimat.

... und im Familienkreis

Werfen Sie einen Blick in die Wohnzimmer vergangener Tage und entdecken Sie, wie sich zwischen schweren Eichenmöbeln, Nierentischen und Ikea-Regalen der Alltag verändert hat. Erleben Sie Familienfeiern und Weihnachtsfeste im Wandel der Jahrzehnte mit.

www.suttonverlag.de

Alltagsgeschichte in historischen Fotos zu über 1000 Regionen, Städten und Gemeinden

Bestellen Sie jetzt
Ihr persönliches Exemplar auf

www.suttonverlag.de

Zeitfracht Medien GmbH
Ferdinand-Jühlke-Straße 7
99095 Erfurt, Deutschland
produktsicherheit@kolibri360.de

Druck:
CPI Druckdienstleistungen GmbH
im Auftrag der
Zeitfracht Medien GmbH
Ein Unternehmen der Zeitfracht - Gruppe
Ferdinand-Jühlke-Str. 7
99095 Erfurt